El Ministerio de las Misiones en la Iglesia

Los Bosquejos de la Clase "Misiones en al Iglesia"

Edición del Alumno

Dr. Jeremy Markle

LOS MINISTERIOS
DE
ANDANDO EN LA PALABRA
Dr. Jeremy Markle
www,walkinginthewordministries.net

El Ministerio de Misiones en la Iglesia

Edición del Alumno

Preparado para la clase "Misiones en al Iglesia"
Colegio Universitario Bautista de Puerto Rico

Publicado por Los Ministerios de Andando en la PALABRA
Walking in the WORD Ministries
www.walkinginthewordministries.net

Impreso en los Estados Unidos.

ISBN: 978-1947430112

El siguiente material fue escrito como notas para la clase
"*Misiones en al Iglesia*,"
en el Colegio Universitario Bautista de Puerto Rico.
Su propósito es proporcionar instrucción bíblica y práctica
para la filosofía y la práctica del ministerio de misiones de una iglesia local.

Que Dios lo bendiga grandemente
mientras usted y su iglesia participan en la realización de la Gran Comisión.

Dr. Jeremy Markle

INDICE

Ilustraciones Gráficas i

Los Significados de las Misiones. 1
- Los Pasajes Claves de Misiones. 5
- La Autoridad para las Misiones. 7
- El Plan de Dios para las Misiones 9

Como Mantener una Iglesia Enfocada en la Misión de Dios 15
- La Organización del Ministerio de Misiones. 21

El Espíritu Santo 31
- La Presencia del Espíritu Santo en la Iglesia Primitiva 35
- La Dependencia en el Poder del Espíritu Santo por el Ministerio. 37
- Una Evaluación de la Dependencia en el Espíritu Santo por el ministerio 39

La Agencia Misionera 41
- Las Provisiones de la Agencia Misionera para la Iglesia y el Misionero 43
- Los Peligros de la Agencia Misionera. 45

La Visita del Misionero 47
- El Ejemplo de la Hospitalidad para el Siervo de Dios. 51
- La Entrevista del Misionero por Teléfono. 53
- Las Preparaciones para las Visitas Misioneras 57
- Como Programar una Conferencia Misionera. 65

El Puesto y la Honra 73
- Como Ser una Bendición al Misionero. 75

El Llamamiento del Misionero. 77
- Los Requisitos del Misionero 79

Los Pasos para Ser Misionero. 87

El Entrenamiento del Misionero 91
- La Iglesia que Prepara a los Llamados para el Ministerio de Misiones 93
- Las Expectativas del Misionero. 97

El Envío del Misionero 99
- Las Maneras de Enviar al Misionero. 101
- El Labor Personal y Apoyo Misionero de Pablo 107

El Apoyo de las Misiones 111
Las Ofrendas para Misiones 115
Como Hacer las Ofrendas por la Fe 119

Las Cargas del Ministerio Misionero 121
Las Dificultades en Diputación y Furlough 125
Las Dificultades en el Campo Misionero 129

Los Viajes Misioneros 135
Los Propósitos del Viaje Misionero 137
La Preparación para el Viaje Misionero 139

<u>ILUSTRACIONES GRÁFICAS</u>

LAS CREENCIAS SOBRE LA VIDA MISIONERA

Lo que sus apoyadores
creen que se hace.

Lo que los nacionales
creen que se hace.

Lo que el mundo secular
cree que se hace.

Lo que el misionero
sabe que se hace.

Iglesia

Contratación
Campamento de Entrenamiento
Planificación de Operaciones
Suministros
Reconocimiento
Descanso y Recuperación

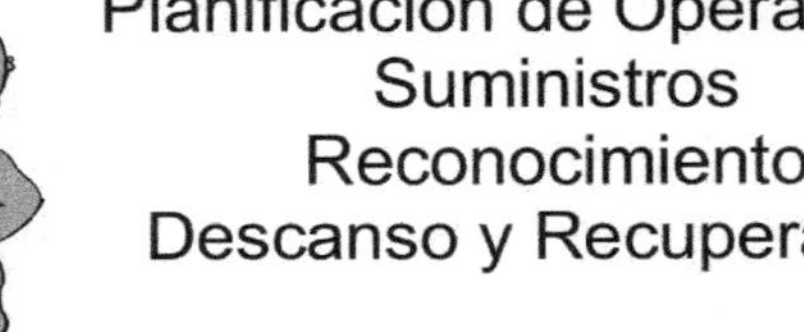

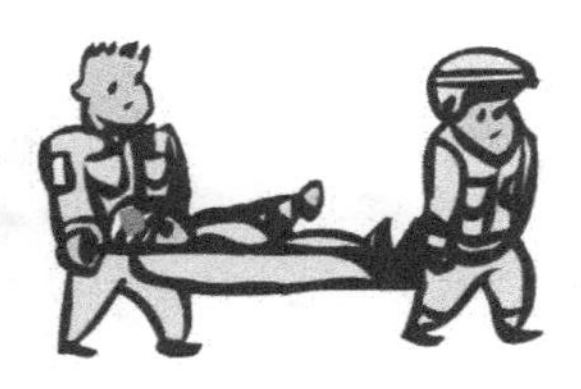

Luz

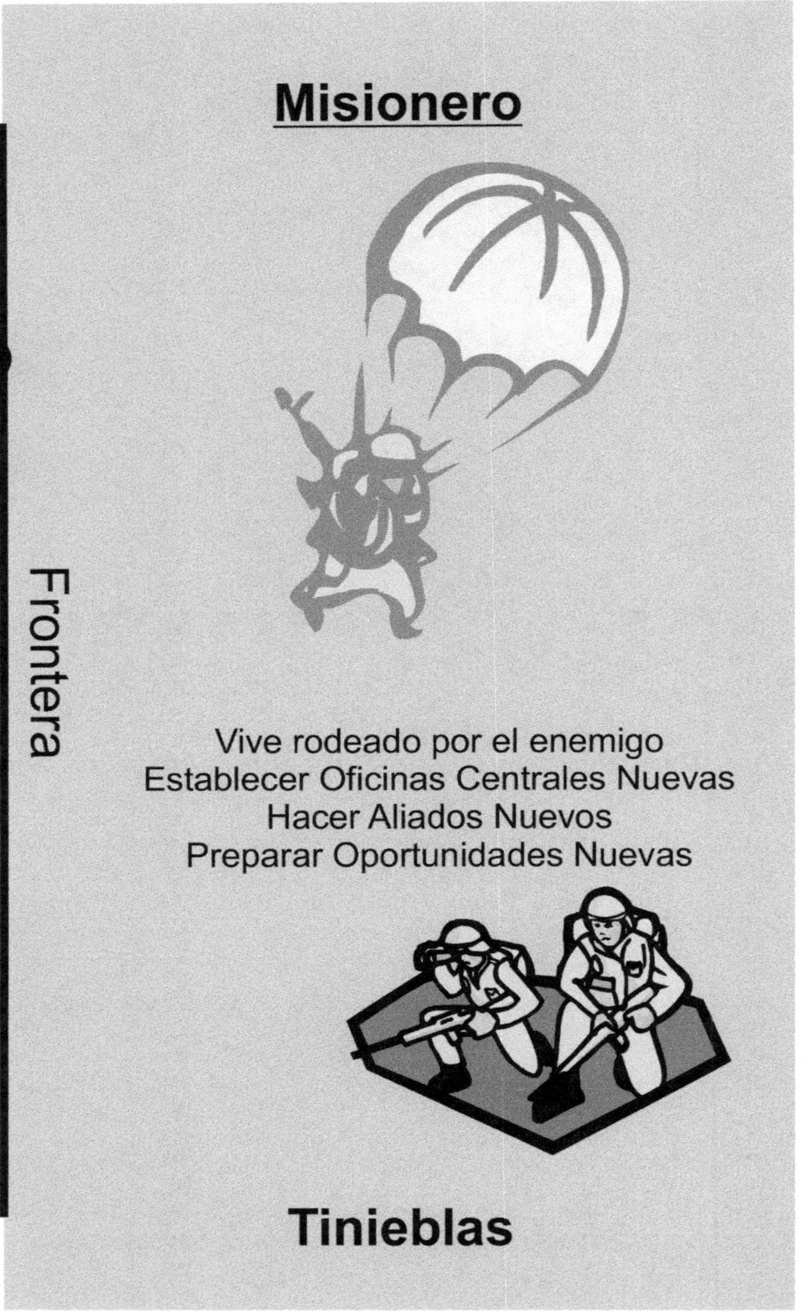

El Misionero Soldado

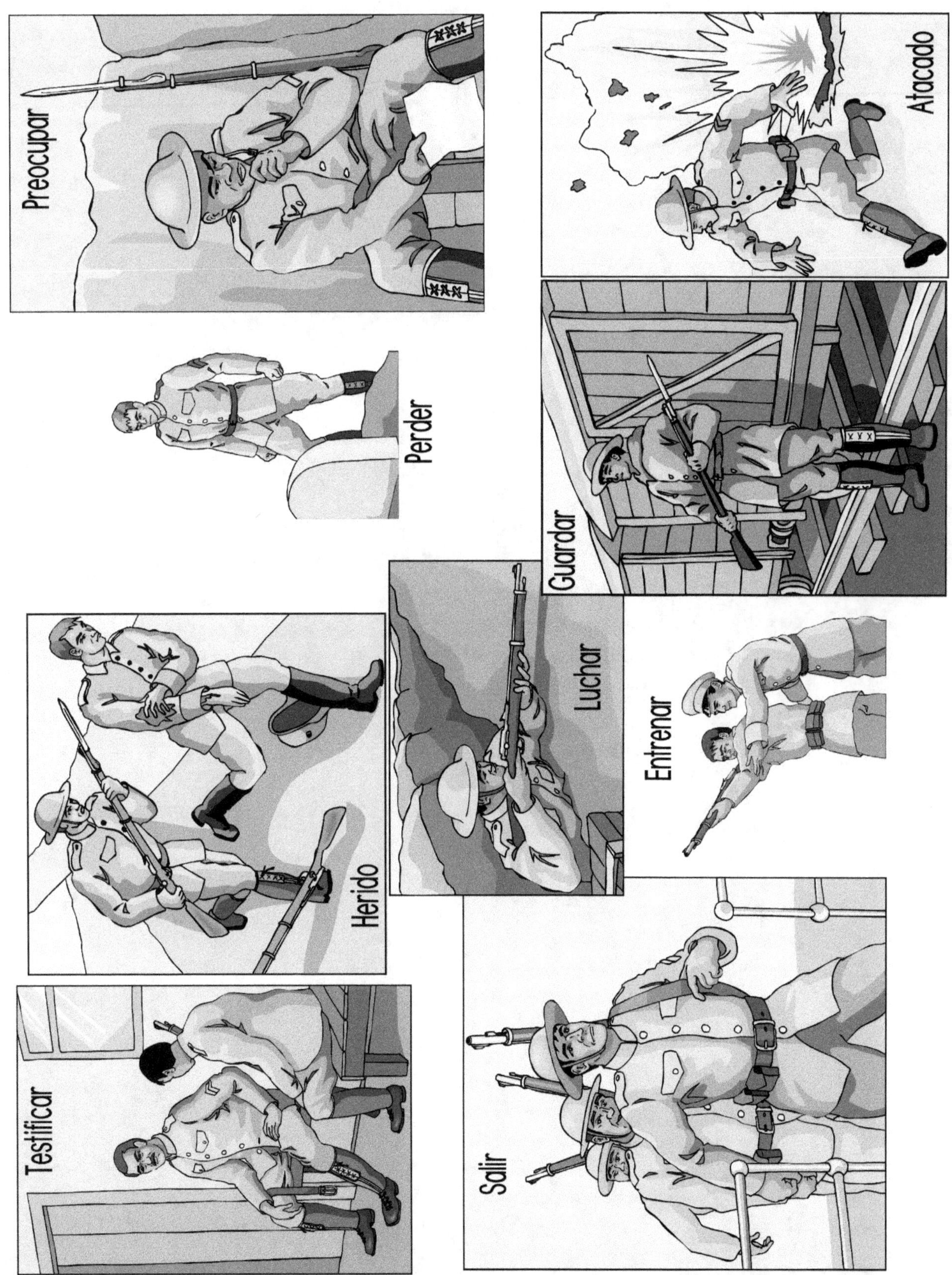

LOS SIGNIFICADOS DE LAS MISIONES

♦ **Misión**

- Indica _______________ - "1 Trabajo o encargo que una persona o un grupo tiene la obligación de hacer ..."
- Indica ___________ - "2 Encargo o poder que un gobierno le da a una persona, especialmente a un diplomático ..."
- Indica ______ - "3 Obra o función moral que se tiene que realizar por el bien de alguien ..."
- Indica _________ - "4 Enseñanza de la religión cristiana a los pueblos que no la conocen ..."
- Indica ________ - "5 Territorio donde se lleva a cabo la enseñanza de la religión cristiana ..."
- Indica _________ - "6 Casa, centro o iglesia donde viven y actúan las personas dedicadas a enseñar la religión cristiana en los territorios donde no se conoce."

("Misión." Diccionario Escolar Lengua Española, VOX. Biblograf, S.A.: Barcelona, España, 2000)

☞Las misiones se realizan cuando los Cristianos aceptan su _____________ de ser ____________ que ofrecen la _____ de Dios al mundo, _________ el evangelio de Dios y haciendo discípulos de Jesucristo en ____________ específicas donde no se conoce a Jesucristo, mientras tengan _________ con aquellos que están tratando de ganar.

Mateo 28:18-20

18 Y Jesús se acercó y les habló diciendo:
Toda potestad me es dada en el cielo y en la tierra.
19 Por tanto, id, y haced discípulos a todas las naciones,
bautizándolos en el nombre del Padre, y del Hijo, y del Espíritu Santo;
20 enseñándoles que guarden todas las cosas que os he mandado;
y he aquí yo estoy con vosotros todos los días,
hasta el fin del mundo. Amén.

II Corintios 5:20

20 Así que, somos embajadores en nombre de Cristo,
como si Dios rogase por medio de nosotros;
os rogamos en nombre de Cristo: Reconciliaos con Dios.

♦ **Misionero(a)**

- La persona _______ con misiones - "1 de la misión o que tiene relación con esta labor religiosa"
- La persona que ______ el Evangelio y hace discípulos de Jesucristo - "2 Persona dedicada a enseñar la religión cristiana a los pueblos que no la conocen ..."

("Misionero(a)." Diccionario Escolar Lengua Española, VOX. Biblograf, S.A.: Barcelona, España, 2000)

☞El misionero es quien participa en la realización de ____________ al dedicarse a ___________ el Evangelio y a hacer discípulos de Jesucristo a quienes todavía no lo conocen.

Romanos 15:16
16 para ser ministro de Jesucristo a los gentiles,
ministrando el evangelio de Dios,
para que los gentiles le sean ofrenda agradable,
santificada por el Espíritu Santo.

I Timoteo 11:12
12 Doy gracias al que me fortaleció,
a Cristo Jesús nuestro Señor,
porque me tuvo por fiel, poniéndome en el ministerio,

♦ **Ministerio**

- La responsabilidad importante de ______ - "5 Cargo u oficio propio de una persona, especialmente de quines tienen que realizar trabajos importante y elevados, ..."

("Ministerio." Diccionario Escolar Lengua Española, VOX. Biblograf, S.A.: Barcelona, España, 2000)

☞Por lo tanto, "**El Ministerio de Misiones**" en la iglesia es para proveer a cada creyente la oportunidad de participar en "**La Gran Comisión**" y llevar el Evangelio de Dios alrededor del mundo para _________ ________ al ________ a cumplir su ____________.

Si el Ministerio de las Misiones en la iglesia
no está ayudando como y cuando el misionero lo necesita,
NO está cumpliendo su propósito.

El Ministerio de las Misiones
no debe estar dirigido por las ideas de la iglesia,
sino por las necesidades actuales del misionero y su ministerio.

"Apóstol"
La Palabra Bíblica de Aquellos Enviados

- Los significados bíblicos
  - El diccionario de Strong
    - #652 - "delegado; espec. __________ del evangelio; oficialmente comisionado de Cristo"

      ("Apostol." Strong, James. Nueva Concordancia Strong Exhaustiva: Diccionario. Nashville, TN: Caribe, 2002.)
  - El diccionario de Vine
    - "apostolos (... 652) es, lit.: uno ______ [apo, de (partitivo); stello, enviar]."
    - "apostole (... 651), enviar, _________. Significa apostolado"

  ("Apostol." Vine, W.E. Vine Diccionario Expositivo de Palabras Del Antiguo Y Del Nuevo Testamento Exhaustivo. Nashville: Editorial Caribe, 1999.)

- Los usos bíblicos
  - De _________ - Hebreos 3:1
  - De los __ elegidos y enviados por Jesucristo - Mateo 10:1-7, Hechos 1:15-26
  - De _____ enviado por Jesucristo - Romanos 1:1, Gálatas 1:1, I Corintios 1:1, 15:8-9
  - De Pablo y _________ - Hechos 14:4, 14
  - De __________ y _______ - Romanos 16:7
  - De _______ y los __________ en Cristo de Pablo - II Corintios 8:23 (mensajeros)
  - De ___________ - Filipenses 2:25 (mensajero)

☞Como los 12 discípulos de Jesucristo fueron _________ para ser Sus 12 apóstoles (los apóstoles de Jesucristo) y ________ con la ______ de predicar del Reino de los Cielos (Mateo 10:1-7), también los misioneros hoy en día (los apóstoles de la iglesia y la gloria de Cristo) están _______ por el Espíritu Santo como ministros especiales para tener una _____ de predicar el Evangelio y hacer discípulos a través del mundo, y están __________ por la iglesia y el Espíritu Santo para realizar la Gran Comisión (Mateo 28:18-20, Hechos 13:1-4, II Corintios 8:23, Filipenses 2:25).

Los Pasajes Claves de Misiones

- **La gran _________**
  - Mateo 28:19-20 - Hacer discípulos de todas las naciones
  - Marcos 16:15-18 - Predicar el evangelio
  - Lucas 24:45-49 - Predicar y testificar acerca del nombre de Jesucristo a todas las naciones
  - Juan 20:21-22 - Ir en el lugar de Jesucristo para ofrecer el perdón de pecado (a través de Jesucristo)
  - Hechos 1:8 - Testificar acerca de Jesucristo en Jerusalén, en toda Judea, en Samaria, y hasta lo último de la tierra

- **La gran ___________** (por Jesucristo)
  - Mateo 28:18 - Está enviada con toda la autoridad en los cielos y la tierra
  - John 17:17-18, 20:21-23 - Está enviada por Jesucristo

- **El gran _______** (por el Espíritu Santo)
  - Juan 16:12-16 - El poder para entendimiento viene por el Espíritu Santo
  - Hechos 1:2, 5, 8 - El poder para obedecer viene por el Espíritu Santo

- **La gran ________________** (el Evangelio)
  - Mateo 5:11-16 - Ser sal y luz
  - Romanos 10:12-21 - Enviar para proclamar
  - I Corintios 3:6-7 - Sembrar y regar
  - II Corintios 4:1-7 - No desmayar
  - II Corintios 5:17-21 - Ser embajador
  - Filipenses 2:15-16 - Ser luz
  - II Timoteo 2:1-2 - Enseñar a los otros para continuar

- **La gran ________________** (el ministerio)
  - Juan 4:35-38 - Recoger cuando el fruto esté listo en la obra
  - Hechos 13:1-4 - Enviar y ser enviado a la obra
  - Hechos 14:27-28 - Recibir testimonio de las grandes cosas que Dios está haciendo en la obra
  - II Corintios 8-9, Filipenses 2:15-20 - Apoyar a aquellos en la obra

- Efesios 3:7-9, I Timoteo 1:12 - Participar en la obra
- Filipenses 2:25-30, 4:18 - Viajar para participar por un tiempo corto en la obra

♦ **La gran __________**

- Mateo 9:35-38, Lucas 10:1-16 - Orar al Señor de la mies que envíe los labradores
- Romanos 15:30-33, I Corintios 1:11, Efesios 6:18-20, Colosenses 4:2-4, I Tesalonicenses 5:24-28, II Tesalonicenses 3:1-7, Hebreos 13:18-19 - Orar por los labradores realizando la obra

La Autoridad para las Misiones

Mateo 28:18

18 Y Jesús se acercó y les habló diciendo:
Toda potestad me es dada en el cielo y en la tierra.

La iglesia debe entender y dedicarse a obedecer
la instrucción de Dios
sobre el ministerio de las misiones.

I. El ministerio está establecido por la autoridad de ____________
*Lucas 1:32-33

II. El ministerio está establecido por toda la autoridad en los ______ y la _____
*Efesios 1:18-23
*Filipenses 2:9-11
*Colosenses 1:12-17

La Autoridad para las Misiones

EL PLAN DE DIOS PARA LAS MISIONES

Mateo 28:19-20

19 Por tanto, id, y haced discípulos a todas las naciones,
bautizándolos en el nombre del Padre,
y del Hijo, y del Espíritu Santo;
20 enseñándoles que guarden todas las cosas que os he mandado;
y he aquí yo estoy con vosotros todos los días,
hasta el fin del mundo. Amén.

I. ___ ... a todas las naciones (19a)
*La palabra "Ir" es en la forma gramatical de participio actual para decir: "Mientras que se vaya o mientras que esté en camino"
*Ir a todas las criaturas (Marcos 16:15)
   A. Mateo 28:18-20
      1. A todas las __________
   B. Marcos 16:15
      1. Por todo el _______
      2. A todas las ___________
   C. Lucas 24:45-49
      1. En todas las _________
      2. Comenzando desde __________
   D. Hechos 1:8
      1. En __________
      2. En toda ______
      3. En __________
      4. Hasta el último de la _______

II. _________ discípulos a todas las naciones (19b-20a)
*Hacer es en forma de mandato
*Todas las naciones (Apocalipsis 5:8-10, 7:9-10)
   A. Hacer ___________ (19b)
   *Predicando el Evangelio (Marcos 6:15, I Corintios 15:1-4)
      1. La ________ de los discípulos de Jesús
         a. Juan 8:31-32 - El discípulo de Cristo sigue Su Palabra
         b. Juan 13:34-35 - El discípulo de Cristo ama a los demás
         c. Juan 15:1-8 - El discípulo de Cristo produce el fruto espiritual

2. Los ____________ de ser discípulo de Cristo (Lucas 14:26-33)
    a. Al discípulo de Cristo, Cristo vale más que todos los demás (26)
       *Mateo 10:37-39, 16:24-26
       *Marcos 8:34-38
       *Lucas 9:23-36
       *El misionario tiene que ser un discípulo de Cristo antes que pueda ayudar al otros a ser discípulos de Cristo (I Corintios 11:1, Filipenses 3:17)
    b. El discípulo de Cristo está preparado a sufrir y morir a sí mismo para Él (27a)
       *Mateo 10:38a
       *Gálatas 2:20
    c. El discípulo de Cristo hace lo que Él hace (27b)
       *Mateo 10:38b
       *Juan 13:15
       *I Pedro 2:21
    d. Para discípulo de Cristo, Cristo vale más que todos sus bienes (28-33)
       *Filipenses 3:7-10
3. Los ______ de ser discípulo de Cristo
    a. El mundo va a rechazarte (Mateo 10:22-33)
       *Juan 15:18-25
    b. Jesucristo va a aceptarte como familia (Mateo 12:47-50)

B. ________________ quienes son discípulos (19c)

*En el nombre de la trinidad

*La Trinidad trabajaba en unidad para proveer la salvación (Romanos 8:1-17, Efesios 1:1-2:7, I Pedro 1:2-5, 3:18, Hebreos 9:14)

1. Según el _________ del bautismo de Cristo (Mateo 3:13-17)
    a. El bautismo de Jesús era para cumplir la justicia (13-15)
    b. El bautismo de Jesús estaba en el agua (16)
    c. El bautismo de Jesús era aprobado por Dios (17)
2. Para demonstrar la __________ con Cristo por el bautismo físico (Romanos 6:3-4)
    a. El bautismo identifica con la muerte de Jesús (3-4)
    b. El bautismo identifica con la resurrección de Jesús (4)
    c. El bautismo identifica con la vida nueva después la salvación (4)

3. Como los otros quienes ______________ a Cristo por el bautismo
   a. Hechos 2:37-41 - Los 3,000 en el día de Pentecostés
   b. Hechos 8:5, 12 - Los creyentes en Samaria
   c. Hechos 8:35-38 - El eunuco de Etíope
   d. Hechos 16:30-34 - El carcelero de Filipos y su casa
   e. Hechos 18:8 - Crispo y su casa con muchos otros en Corinto

C. ____________ quienes son discípulos (20a)
*Enseñar que guarden todo lo que Jesús les dio
**Tito 2:11-15
**I Juan 2:5-6

1. Los _________ de los mandatos de Jesús (Mateo 22:36-40)
   *I Juan 5:2-3
   a. Amar a ______
      *Juan 14:15
      (1) Con todo tu corazón
      (2) Con toda tu alma
      (3) Con toda tu mente
   b. Amar a tu _________
      *Romanos 13:10
      (1) Con el mismo amor que tienes para con ti mismo
          *Mateo 7:12
          *Efesios 5:29

Mateo 22:40

40 De estos dos mandamientos
depende toda la ley y los profetas.

2. El _____ en la instrucción de los mandatos de Dios (Hechos 2:37-47)
   a. Ellos perseveraban en la _________ de Dios (42)
      *Todas sus vidas estaban transformadas por la instrucción recibida
      *II Timoteo 3:14-17

b. Ellos perseveraban en el ____ de instrucción de la doctrina de Dios (46)
*Estaban en el templo diariamente para recibir la instrucción de Dios
*Salmos 122:1
*Hebreos 10:22-25

3. El ________ de enseñar los mandatos de Dios (Hechos 20:17-27)
   a. Enseñar todo el ________ de Dios (20a, 21b, 27)
      (1) Porque es útil (20a)
      (2) Para que haya ... (21b)
         (a) Arrepentimiento para con Dios
         (b) Fe para con Jesucristo
   b. Enseñar en todos _________ (20b)
      (1) En público
      (2) En privado
   c. Enseñar a todas las __________ (21a)
      (1) Judíos
      (2) Gentiles
4. Las __________ en enseñar los mandatos de Dios (Hechos 20:28-32)
   a. ______ con la memoria de la instrucción (31)
   b. _________ por la instrucción (32b)
   c. _________ en la herencia prometida en la instrucción (32c)

III. ____________ en la presencia de Jesús (20)

*Jesús empezó con la potestad (autoridad) y terminó con la confianza

A. Jesús hace un compromiso de Su ___________

“***... he aquí yo estoy con vosotros ...***”

1. La presencia de Jesús produce el ____________ (Hebreos 13:5-6)
*Los discípulos de Cristo tuvieron protección, provisión y dirección con la presencia de Él durante su ministerio (Marcos 4:36-41, Lucas 9:12-27)
   a. El contentamiento con lo que tiene
   *Salmo 37:25
   *I Timoteo 6:6-8
   b. El contentamiento por como Jesús nos ayuda (con protección)
   *Isaías 41:10-13

B. Jesús hace compromiso de Su _________
"*... todos los días, hasta el fin del mundo.*"

1. La presencia de Jesús incluye cuando uno esté _____ (II Timoteo 4:10-17)
   a. Pablo estaba dejado por los demás en el ministerio (10-13)
      (1) Uno dejó a Pablo porque del desánimo y un enfoque mundano (10a)
      (2) Algunos dejaron a Pablo para el servicio del Señor (10b, 12)
      *Lucas fue el único que estaba con Pablo
   b. Pablo estaba unido con Jesús en el ministerio (14-17)
      *En los ataques contra el ministerio (14-16, 17b)
      **I Corintios 15:32
      **Daniel 6 (16-22) - Daniel en foso de los leones
      (1) Pablo recibió la fuerza de Jesús (17a)
      (2) Pablo predicó el mensaje de Jesús (17b)
      (3) Pablo estaba protegido por Jesús (17c)
      *Daniel 3 (16-27) - Sadrac, Mesac y Abed-nego en el horno de fuego ardiendo
      (4) Pablo tenía confianza en Jesús (18)
      *Él tenía confianza en la protección de todas las malas obras

Hechos 10:34-48 (42-43)

42 Y nos mandó que predicásemos al pueblo,
y testificásemos que él es el que Dios ha puesto por Juez de vivos y muertos.
43 De éste dan testimonio todos los profetas,
que todos los que en él creyeren,
recibirán perdón de pecados por su nombre.

Como Mantener una Iglesia Enfocada en la Misión de Dios

Lucas 19:10
Porque el Hijo del Hombre vino a buscar y a salvar lo que se había perdido.

I. Los ___________ del ministerio (programa) de misiones
   A. Para mantener un ______ continuo delante de la iglesia y los creyentes individuales de su responsabilidad de participar en la Gran Comisión, empezando alrededor de ellos y continuando hasta el fin del mundo para evangelizar a los incrédulos y discipular a los creyentes
   B. Para proveer una __________ continua para la iglesia y los creyentes individuales de participar en su responsabilidad de participar en la Gran Comisión, empezando alrededor de ellos y continuando hasta el fin del mundo para evangelizar a los incrédulos y discipular a los creyentes

II. El __________ del ministerio (programa) de misiones
   A. Establecer una ________ bíblica para guardar al ministerio
      1. Debe tener un _______ bíblico de las misiones
      2. Debe tener las ________ bíblicas de los ministerios y misioneros incluidas
         a. Los requisitos del misionero
         b. Los requisitos de la separación
   B. Establecer los _______________ prácticos para dirigir al ministerio
      1. Debe incluir como el ____________ está establecido, realizado, y distributivo
      2. Debe incluir los _________ y las responsabilidades de la junta de misiones (si la hay)
      3. Debe incluir como un misionero/ministerio está __________ al ministerio
      4. Debe incluir como un misionero/ministerio está __________ del ministerio
      5. Debe incluir pautas para las _______ de los misioneros
      6. Debe incluir pautas para los misioneros ______ de la iglesia como su iglesia principal

III. El __________ del ministerio (programa) de misiones

A. Presentar las _________ de las Escrituras

Hechos 20:20-21

20 y cómo nada que fuese útil
he rehuido de anunciaros y enseñaros,
públicamente y por las casas,
21 testificando a judíos y a gentiles
acerca del arrepentimiento para con Dios,
y de la fe en nuestro Señor Jesucristo.

II Timoteo 3:16

16 Toda la Escritura es inspirada por Dios,
y útil para enseñar, para redargüir, para corregir, para instruir en justicia,

Efesios 4:12a

12 a fin de perfeccionar a los santos ...

1. Enseñar sobre ______ - II Pedro 1:2-3
   *Quien Él es y lo que Él espera
2. Enseñar sobre la condición y destinación del _____ sin Jesucristo - Isaías 53:6, 64:6, Lucas 16:19-31, Romanos 3:23, Efesios 2:1-4, 11-12
   *Su pecado y la necesidad para la salvación
3. Enseñar sobre la grandeza de la obra de _______ - Isaías 53:1-5, 7-12, Juan 3:16-17, Romanos 6:23, Efesios 2:5-10, 13-19, I Juan 2:1-2
   *Él pagó por el precio del pecado en la cruz
4. Enseñar sobre la necesidad para ___ en Jesucristo - Juan 3:16-21, Romanos 10:9-10, Efesios 2:8-9
5. Enseñar sobre la ____________ de cada creyente de evangelizar - Juan 20:21, Mateo 28:18-20, II Corintios 5:17-20

B. Presentar las ________________ prácticas de las Escrituras

Hechos 20:31-32
31 Por tanto, velad, acordándoos que por tres años,
de noche y de día,
no he cesado de amonestar con lágrimas a cada uno.
32 Y ahora, hermanos, os encomiendo a Dios,
y a la palabra de su gracia,
que tiene poder para sobreedificaros
y daros herencia con todos los santificados.

II Timoteo 3:17
17 a fin de que el hombre de Dios sea perfecto,
enteramente preparado para toda buena obra.

Efesios 4:12b
12 ... para la obra del ministerio,
para la edificación del cuerpo de Cristo,

1. Porque Dios es ... y espera ... tienes que ...
2. Porque el hombre es ..., tienes que ...
3. Porque Jesucristo murió en la cruz, tienes que ...
4. Porque la fe es la única manera de salvación, tienes que ...
5. Porque tienes la responsabilidad de evangelizar, tienes que ...

IV. El plan para el ministerio (programa) de misioneros
   A. Mantener una actitud de ____________ (II Corintios 5:14-20)
      1. Apreciación por la __________ propia (14-16)
      2. Apreciación por la _____ nueva (17-18)
      3. Apreciación por la ____________ de servir a Dios (19-20)

B. Mantener un entusiasmo de ________________
*Anticipación por el mundo listo

Juan 4:35
35 ¿No decís vosotros:
Aún faltan cuatro meses para que llegue la siega?
He aquí os digo:
Alzad vuestros ojos y mirad los campos,
porque ya están blancos para la siega.

*Anticipación por enviar a los labradores

Mateo 9:37-38
37 Entonces dijo a sus discípulos:
A la verdad la mies es mucha, mas los obreros pocos.
38 Rogad, pues, al Señor de la mies,
que envíe obreros a su mies.

1. Por una visión ____ de como Dios puede usarles en casa (alcanzar tu Jerusalén)
   *Los ministerios de evangelizar y discipular en casa proveen el entendimiento de la necesidad y entrenamiento para ser enviado al mundo
   a. Visitación casa a ______
   b. Visitación a los _________
   c. Repartimiento de _________ e invitaciones a la iglesia
   d. Repartimiento de ____________ a los servicios y ministerios especiales (campañas, escuela bíblica de verano, etc.)
   e. Discipulado de los nuevos ________ y _________
   f. Servicios y __________ en público (clubes de niños, clínicas deportivas, etc.)
2. Por una visión _______ de como Dios está trabajando a través del mundo (recordar tu Judea Samaria, y hasta lo último de la tierra)
   a. _______ por las necesidades de los demás
      (1) Del _______
      (2) Del _____
      (3) Del _______

b. __________ tiempos especiales para misiones
   (1) __________ misioneras
   (2) Visitas de los misioneros __________
       *Para presentar los testimonios del pasado
   (3) Visitas de los misioneros _______
       *Para presentar la esperanza para el futuro
c. ________ exposición constante de las misiones
   (1) _________ horarios específicos para los misioneros en las clases de la escuela dominical, el culto de niños, banquetes especiales, etc.
   (2) ______ la información del misionero en público
       (a) Su tarjeta de oración
       (b) Su carta de oración
       (c) Sus fechas importantes e información de contacto
   (3) _____ un mapa grande del mundo en un sitio prominente
       *Se puede marcar cada pueblo en donde hay un misionero que la gente conoce o apoya
   (4) _________ un misionero especial por cada semana/mes
       (a) Poner su nombre, familia, foto, etc., en el boletín
       (b) Dar una cuenta sobre su obra en público
       (c) Orar cada culto específicamente por él y su ministerio
   (5) ____ las cartas de oración en público (el culto de oración y estudio bíblico)
   (6) _____ una "adopción" del misionero por cada clase de escuela dominical o familia de la iglesia
       (a) Para orar específicamente
       (b) Para comunicar personalmente y regularmente
       (c) Para escribir cartas todos los días especiales
       (d) Para enviar paquetes
d. __________ con otras iglesias de la misma fe y práctica muy _____
   *Para el evangelismo de los incrédulos y edificación de los creyentes
   (1) Campañas
   (2) Actividades
   (3) Ministerios

e. _______ con otras iglesias de la misma fe y práctica muy ___
   (1) Las oportunidades del ___________
       Proveer tratados y otros materiales para el ministro
   (2) Las oportunidades de las ______________
       Proveer necesidades en los desastres naturales

C. Mantener una práctica de _______
   1. Acción de participación en __________
      a. En ________
      b. Enviar el _______
         (1) De sostén
         (2) De suministros
      c. Enviar el _________
         (1) Por cartas
         (2) Por paquetes
   2. Acción de participación para estar ____ (por las visitas personales)
      a. Enviar a las personas en viajes ______ (de días)
      b. Enviar a las personas en viajes ______ (de meses)
      c. Enviar a las personas en viajes ______________ (de años)
         *Como nuevos misioneros

La Organización del Ministerio de Misiones

I. La declaración del __________

*La declaración del propósito debe ser una frase concisa de un párrafo que puede establecer un cimiento claro para la doctrina y práctica del ministerio

A. Apuntar la _____ bíblica para el ministerio

B. Apuntar la ____ del ministerio

C. Apuntar la _______ en que el ministerio será realizado

Ejemplo:

El Ministerio de Misiones en la Iglesia Bautista De La Fe está establecido para enseñar a sus miembros sobre la voluntad de Dios para su participación, para exhortar a sus miembros a considerar sus responsabilidades personales, y para proveer a sus miembros las oportunidades de realizar el evangelismo del mundo apoyando físicamente y espiritualmente a los misioneros sirviendo de su parte a través del mundo.

II. La _______

*La política debe amplificar lo que está presentado en la Declaración del Propósito para explicar las normas para el ministerio

A. Las personas incluidas en el ministerio

1. Quien tiene ______ en el ministerio

a. El _____ - Hechos 15:1-31, Efesios 4:11-16, Hebreos 13:7, 17

(1) Él tiene derecho de invitar a los misioneros según su calendario y discreción

(2) Él tiene el derecho y la responsabilidad de investigar al misionero, su familia y su ministerio para verificar que están cumpliendo sus requisitos

(3) Él tiene la responsabilidad de guiar a la iglesia a rechazar, aceptar, o remover un misionero

b. La _____ - Hechos 6:1-7, 15:4, 22-27

(1) Ella está establecida por un número específico según el __________ de la iglesia y su ministerio de misiones

(a) La nominación de los miembros debe estar aprobado por el pastor

(b) La elección de los miembros debe estar hecho por los miembros de la iglesia (según la constitución)

(c) La membresía de los miembros debe tener la duración declarada
*1 año, 4 años, sin fin, etc.
(d) La membresía puede ser hecha de los diáconos
(e) La membresía que incluye a las mujeres debe reconocer sus limitaciones bíblicas y sus beneficios prácticos
*Es posible tener a los hombres como miembros y pedir a las esposas que ayuden en las entrevistas y las preparaciones

(2) Ella está establecida con _______ fieles en la iglesia que están dedicados al ministerio local y global
(a) Los diáconos
(b) Los ancianos en la fe
(c) Aquellos que han expresado un interés específico en los misioneros y tienen testimonio de participación en el evangelismo local y global

(3) Ella está establecida para ayudar al ____ en el proceso de verificar el testimonio y ministerio del misionero

(4) Ella está establecida para ayudar la iglesia mantener ________ con los misioneros y ofrecer ayuda apropiada

(5) Ella está establecida para ayudar a la iglesia a ________ para las visitas y oportunidades misioneras

c. __________
(1) Él/Ella debe tomar y guardar las ______ de las reuniones
(2) Él/Ella debe ayudar el pastor y la iglesia con la ________________ con los misioneros
(3) Él/Ella debe ayudar con las _________ especiales en el ministerio de misiones

2. ¿Quién puede ________ beneficio del ministerio?
a. El creyente que es miembro de la ________
(1) Uno que está preparado adecuadamente en doctrina y carácter para el ministerio
(2) Uno que ha probado su fidelidad en el ministerio por su participación y sacrificio
(3) Uno que es reconocido por la iglesia como llamado por Dios

(4) Uno que está de acuerdo con la Declaración de la Fe de la iglesia
(5) Uno que está separado de las prácticas mundanas y de los ministerios ecuménicos

b. El creyente que es miembro de y enviado por ____ iglesia de la misma fe y práctica
(1) Uno que ha recibido la bendición de su iglesia principal por ser fiel en la doctrina y labor del ministerio
(2) Uno que ha presentado su ministerio a la iglesia por testificar públicamente de su testimonio de salvación, llamado, planes por el ministerio, y predicación/enseñanza de la palabra
(3) Uno que está de acuerdo con la Declaración de la Fe de la iglesia
(4) Uno que está separado de las prácticas mundanas y de los ministerios ecuménicos

c. El creyente que es miembro de y enviado por otra iglesia de la misma fe y práctica con la ayuda de una ______ _________
*La Agencia Misionera revela mucho sobre la creencia, práctica, y fidelidad del misionero por como ella aprueba sus solicitantes y como ella requiere dar cuenta después que están aceptados
(1) La Agencia tiene que ser un conocida por su fidelidad a la fe y práctica
(a) Los Fundamentos de la Fe
(b) Los Distintivos Bautistas
(2) La Agencia tiene que ser conocida por su separación de los ministerios ecuménicos
(3) La Agencia tiene que ser conocida por su comunicación regular con sus misioneros y mantener un proceso regular en que el misionero tiene que dar cuenta por su ministerio
(4) La Agencia tiene que ser conocida por su credibilidad en sus negocios y distribución de los fondos de sus misioneros

d. El creyente que es miembro de la iglesia o de una iglesia de la misma fe y práctica que tiene necesidades ___ ___ ___ para realizar un ministerio de misiones
   (1) Él tiene que presentar sus planes para ministrar a la iglesia con los detalles
   (2) Él puede recibir una ofrenda especial para apoyarle en su ministerio y/o una cantidad designada por el pastor y los diáconos/junta de misiones de acuerdo con su necesidad actual
e. El _________ que está dedicado a realizar la Gran Comisión
   (1) El que está presentado delante la iglesia para que haya suficiente entendimiento de sus propósitos y prácticas
   (2) Él que está de acuerdo con las básicas de la Declaración de la Fe de la iglesia
   (3) Él que está separado de las prácticas mundanas y los ministerios ecuménicos
f. El creyente o el ministerio que recibe la ____________ de ...
   *La aprobación del misionero no es un concurso de popularidad, sino una decisión seria sobre la voluntad de Dios en juntarse con Su siervo como su representante a través del mundo
   (1) El pastor
   (2) Los diáconos/junta de misiones
   (3) La congregación

B. Los ________ para los misioneros y ministerios para estar incluidos en el ministerio
   1. ______ todos los interrogantes y peticiones por información sobre la familia y el ministerio
   2. _________ con las llamadas o las cartas de oración regularmente que incluyen las peticiones y las bendiciones en el ministerio
   3. _______ para dar cuenta personalmente sobre el ministerio
   4. _________ fidelidad en la doctrina y práctica del ministerio y la familia

C. __________ y como las decisiones del ministerio serán hechas
   1. Establecer las ________ regulares durante el año por de la Junta de Misiones
      *Uno cada cuarto, mes, etc.

2. Establecer la __________ para reuniones especiales de los temas muy importantes
3. Incluir el ministerio de misiones en las _______ de negocio de la iglesia
4. Establecer el ______ de los votos para realizar una decisión por la Junta de Misiones y la congregación
   *2/3%, 100%, etc.
5. Establecer la _____ de la duración del apoyo ofrecido al misionero
   *Un año, un período, sin fin

D. Como ___________ el ministerio
   1. Como _________ los fondos
      a. Por las ofendas especiales
      b. Por las Ofrendas Prometidas por Fe (Donaciones por Gracia)
      c. Por incluirlo en el presupuesto de la iglesia
         *Un por ciento de todas las ofrendas está usado por el ministerio de misiones
   2. Como __________ los fondos
      a. La regularidad de enviar los fondos
         *Mensual, trimestral, cada seis meses
      b. La cantidad estándar por cada misionero
         *Las acepciones para los misioneros de la membresía de la iglesia o con necesidades especiales
      c. La regularidad de evaluar la oportunidad de subir el apoyo por todos los misioneros o uno en particular
         (1) Considerar las necesidades de cada misionero individualmente anualmente
         (2) Automáticamente levantar el apoyo por un por ciento específico
   3. Como ___________ el presupuesto
      *Cuando el ministerio de misiones no realice su presupuesto, es el misionero que sufre porque él no tiene los fondos necesarios para proveer para su familia y realizar el ministerio
      a. Determinar una cantidad realista para ____________
         (1) Según los compromisos del programa de las Ofrendas Prometidas por Fe
         (2) Según el por ciento de los fondos recibidos en los años pasados
         (3) Según la ofrenda especial recibida para las misiones

b. Determinar una cantidad realista para dar a cada __________
   (1) Según lo que es apropiado para ser una ayuda verdadera al misionero
       *$50, $75, $100, etc. - Mensual
       *Tiene que determinar la filosofía de la inversión de apoyo
           *Apoyar más misioneros por dar menos mensualmente
           *Apoyar menos misioneros por dar más mensualmente
   (2) Según lo que es apropiado por la cantidad de misioneros que van a apoyar
       *Es mejor empezar con uno o dos y añadir más después que haya evidencia de fidelidad al ministerio
   (3) Según los compromisos que tiene
   (4) Según el aumento que quiere dar a aquellos que ya apoyé
c. Determinar la cantidad necesaria para ______ el ministerio de misiones en la iglesia
   (1) Cubrir los costos de las visitas de los misioneros durante el año
       (a) Transportación para llegar
       (b) Vivienda
       (c) Ofrendas y ayudas especiales
       (d) Transportación para salir
   (2) Cubrir los costos de la conferencia misionera
   (3) Cubrir las oportunidades misioneras especiales
       (a) Viajes misioneros
       (b) Proyecto para los misioneros
d. Determinar la cantidad ___________ después que todos los compromisos están calculados para determinar el número de misioneros que puede añadir al ministerio

III. La ________________
   A. El pastor debe ser el _______ del ministerio de misiones por ...
      1. _______ el ministerio y los misioneros regularmente delante de la congregación
      2. _________ las visitas de los misioneros candidatos y veteranos

3. _______ la apreciación y la honra bíblica para los misioneros y su ministerio para Dios en público y privado
4. _________ y estudiar la información sobre los misioneros y su ministerio para evaluar la oportunidad de incluirles en el ministerio
   *Entrevistas por teléfono e interrogador por carta incluida
   a. Preguntar sobre su experiencia y entrenamiento en el ministerio
   b. Preguntar sobre sus creencias en las doctrinas importantes
   c. Preguntar sobre sus afiliaciones en el ministerio
   d. Preguntar sobre su dedicación a su propia vida cristiana privada
   e. Preguntar sobre su familia
5. ______ las oportunidades regulares en que la congregación puede participar en la Gran Comisión en casa y a través del mundo

B. Cada ________ de la junta debe tener una pasión para el ministerio del misionero, y la familia y ministerio de cada misionero por
1. ________ la importancia, responsabilidad, y dificultades de la vida misionera
2. ________ a los misioneros y su ministerio durante sus visitas por comunicación casual y las entrevistas en sus reuniones
   a. Preguntar sobre su experiencia y entrenamiento en el ministerio
   b. Preguntar sobre su familia
   c. Preguntar sobre sus ministerios
   d. Preguntar sobre su apoyo
   e. Preguntar sobre su habilidad en el idioma
   f. Preguntar sobre las maneras en que la iglesia puede ayudar
3. _____________ en la comunicación regular con los misioneros

C. Cada ___________ de la iglesia debe estar animado a participar en el ministerio de misiones por ...
1. ________ y leer las cartas de oración de los misioneros
2. ______ específicamente y regularmente por los misioneros
3. ____________ frecuentemente con los misioneros
4. Enviar _______ y regalos a los misioneros y su familia por los días especiales durante el año
5. ________ viajes misioneros para visitar y apoyar al misionero y su ministerio
6. ______ y prestar atención cuando los misioneros estén visitando y presentando su ministerio
7. ______ su casa para estar hospitalario a los misioneros durante sus visitas

EL PRESUPUESTO POR EL MINISTERIO DE MISIONES

Los Fondos Disponibles	
Cantidad disponible por ofrendas especiales	$
Cantidad Prometida por Fe	$
Cantidad esperaba por el por ciento designado de las ofrendas regulares	$
El Total Anual	$

Los Fondos Comprometidos		
El Misionero/El Ministerio	$ Mensual Currente	$ Mensual Futuro
	$	$
	$	$
	$	$
	$	$
	$	$
	$	$
	$	$
	$	$
	$	$
	$	$
El Total Comprometido Mensual	$	$
El Total Anual ($ Futuro x 12 meses)		$

Los Fondos Designados por Ministerios Especiales		
El Ministerio	$ Año pasado	$ Año que viene
Visitas de los misioneros	$	$
Conferencia misionero	$	$
Ayuda de emergencia/proyectos especiales	$	$
Regalos por los misioneros	$	$
Viajes misioneras	$	$
El Total Anual	$	$

El total de los fondos disponibles $___________
- (Menos)
El total de los fondos comprometidos$___________
El total de los fondos designados$___________
= (Igual)
El total de los fondos nuevos para destituir$___________

Los Nuevos Misioneros/Proyectos por el Año	
El Ministerio/Proyecto	Cuantidad
	$
	$
	$
	$
	$
El Total Anual	$

El Espíritu Santo: El Poder para las Misiones

en Hechos

La iglesia debe depender en el Espíritu Santo para elegir y enviar a los misioneros.

Hechos 1:2, 5, 8

2 hasta el día en que fue recibido arriba,
después de haber dado mandamientos por el Espíritu Santo
a los apóstoles que había escogido;
5 Porque Juan ciertamente bautizó con agua,
mas vosotros seréis bautizados con el Espíritu Santo
dentro de no muchos días.
8 pero recibiréis poder,
cuando haya venido sobre vosotros el Espíritu Santo,
y me seréis testigos en Jerusalén, en toda Judea,
en Samaria, y hasta lo último de la tierra.

I. La __________ del poder (1:2, 5, 8a)
   A. Viene por el ________ (espiritual)
   B. Viene por el ________ ________
   C. Viene _______

II. El __________ del poder (1:8)
   A. Para ser _________ ...
      1. Para él Señor
   B. Testigos ___ ...
      1. Jerusalén (su pueblo)
      2. Judea (su pías)
      3. Samaria (su región)
      4. Último de la tierra (global)

III. La ___________ del poder (2:1-4)
   A. Cuando los creyentes estén ________ (1)
   B. Cuando los creyentes estén ______ por el Espíritu Santo (2-4)

IV. La ________ del poder
  A. En __________ (Hechos 2:5, 4:1-33)
  B. En ______ (Hechos 8:1, 4)
  C. En ________ (Hechos 8:1, 4-12)
    1. ______ (4-13)
    2. _____ y _____ (14-25)
      a. Ellos eran enviados por la iglesia en Jerusalén para investigar el ministerio (14)
      b. Ellos regresaron a Jerusalén después que confirmar y participaron en el ministerio (25)
  D. Último de la _______
    1. Hechos 8:26-40 (El Eunuco de Etíope) - _______
    2. Hechos 10:1-48 (11:1-18) (Jope) - _______
    3. Hechos 11:19-26 (Fenicia, Chipre, y Antioquía) - Todos los _______ perseguidos
      a. Ellos predicaron únicamente a los Judíos (19)
      b. Algunos de Chipre y de Cirene predicaron en Antioquía (20-21)
      c. Bernabé estaba enviado de Jerusalén para verificar el ministerio (22-26)
      d. Algunos profetas de Jerusalén visitaban a Antioquía (27)
    4. Hechos 11:27-30, 12:25 (Jerusalén) - _________ y _____ (Pablo)
      a. Ellos viajaban a Jerusalén para llevar una ofrenda (misionera) para ayudar a los creyentes en necesidad (11:27-30)
      b. Después de su tiempo de ministerio en Jerusalén, ellos regresaron a Antioquía con Juan Marcos (12:25)
    5. Hechos 13:1-14:26 (el primer viaje misionero) - ________, _____ (Pablo) y _______ Marcos
      a. Ellos estaban enviado de Antioquía y regresaron a Antioquía
      b. Juan Marcos departió de ellos después que dificultades en el ministerio
    6. Hechos 15:40-18:22 (el segundo viaje misionero) - _____ y _____
      a. Ellos estaban enviados de Antioquía y regresaron a Antioquía
      b. Timoteo se unió con ellos en Listra (16:1-5)

7. Hechos 18:23-28:31 (el tercer viaje misionero) - _____, _____ y _____
   a. Ellos salieron de Antioquía, pero Pablo nunca regresó porque estaba impresionado en Jerusalén, Cesarea, y Roma
   b. Algunas diferentes personas viajaban con Pablo en diferentes tiempos de su viaje

La Presencia del Espíritu Santo en la Iglesia Primitiva

Hechos 1:2, 5, 8

2 hasta el día en que fue recibido arriba,
después de haber dado mandamientos por el Espíritu Santo
a los apóstoles que había escogido;
5 Porque Juan ciertamente bautizó con agua,
mas vosotros seréis bautizados con el Espíritu Santo
dentro de no muchos días.
8 pero recibiréis poder,
cuando haya venido sobre vosotros el Espíritu Santo,
y me seréis testigos en Jerusalén, en toda Judea,
en Samaria, y hasta lo último de la tierra.

I. El poder y la claridad en ________
   A. Hechos 2:1-41 (4) - Pedro en el día de Pentecostés
   B. Hechos 4:1-13 (8) - Pedro delante de los líderes en Jerusalén
   C. Hechos 6:8-7:60 (6:8, 7:55) - Esteban predicó hasta que fue asesinado

II. La _______ de nuevos creyentes
   A. Hechos 2:38-47 - Los nuevos creyentes en el día de Pentecostés
      *Produjo unidad de ánimo y compañerismo
   B. Hechos 8:14-17 - Los nuevos creyentes en Samaria (por las manos de Pedro y Juan)
   C. Hechos 9:17 - Pablo en la casa de Judas (por las manos de Ananías)
   D. Hechos 10:44-47, 11:15-17 - Cornelio y aquellos en su casa (los gentiles)
   E. Hechos 15:7-11, 28 - El testimonio de Pedro sobre los gentiles que recibieron el Espíritu Santo igual a los Judíos
   F. Hechos 19:1-7 - Los siete discípulos de Juan el Bautista que creyeron en Jesús por el ministerio de Pablo

III. El ________ para persistir, aunque había persecución
   A. Hechos 4:29-33 - Después de la persecución de Pedro y Juan
   B. Hechos 13:14-52 (52) - Después que Pablo y Bernabé recibieron persecución en Antioquía en Pisidia

IV. Las __________ recibidas
   A. Hechos 5:1-10 (3) - La mentira de Ananías por guardar parte del precio de la tierra que él vendió

V. La selección de los __________
   A. Hechos 6:1-7 - Ellos tuvieron que estar llenos por el Espíritu Santo

VI. La __________ dada para ir o no ir para evangelizar
   A. Hechos 8:29-39 (29) - Felipe digerido al Eunuco de Etíope
   B. Hechos 10:1-11:18 (10:19-20, 11:12) - Pedro dirigido a ir a Cornelio
   C. Hechos 16:6-7 - Pablo impedido de ir a Asia ni Bitinia
   D. Hechos 21:4 - Pablo enseñado de no ir a Jerusalén

VII. La ___________ y fortaleza para la iglesia
   A. Hechos 9:31 - El crecimiento de la iglesia después de la persecución de Saulo (Pablo) se acabo
   B. Hechos 11:22-24 - El crecimiento de la iglesia por el ministerio de Bernabé, uno lleno del Espíritu Santo

VIII. El ______ sobre el ministerio futuro
   A. Hechos 11:27-30 (28) - La profecía de Agabo sobre la necesidad de los creyentes en Jerusalén
   B. Hechos 20:23, 21:11 - La profecía del peligro en Jerusalén para Pablo

IX. Los ministros ___________ como misioneros
   A. Hechos 13:1-4 - Bernabé y Pablo llamados y enviados al ministerio de misiones

X. La _______________ de aquellos que causaron daño al ministerio
   A. Hechos 13:6-12 - La confrontación de Pablo a Barjesús en la isla de Pafos

XI. Los ___________ establecidos en el ministerio
   A. Hechos 20:17-38 (28) - Los pastores establecidos en Éfeso

La Dependencia en el Poder del Espíritu Santo por el Ministerio

Hechos 1:8

8 pero recibiréis poder,
cuando haya venido sobre vosotros el Espíritu Santo,
y me seréis testigos en Jerusalén, en toda Judea,
en Samaria, y hasta lo último de la tierra.

I. El poder en el presente (el ministerio de Pedro - Hechos 10)
   A. Reconocer la _________ de Dios al planear el ministerio (9-22)
   B. Reconocer la _________ de Dios para el ministerio (1-8, 23-33)
   C. Reconocer la ________ de Dios para realizar el ministerio y producir el fruto verdadero (34-48)

II. El poder en el pasado (el informe por Pedro - Hechos 11)
   A. Recordar el ministerio _________ por la dirección de Dios (1-10)
   B. Recordar el ministerio ________ por la provisión de Dios (11-14)
   C. Recordar el fruto __________ por Dios (15-17)

III. El poder para el futuro (Pedro y Juan después su abuso - Hechos 4)
   A. Depender en la ________ de Dios para el ministerio nuevo (23-28)
   B. Depender en la ________ de Dios para los ministerios nuevos (29-31)
   C. Depender en la ________ del fruto para Dios por los ministerios nuevos (32-35)

UNA EVALUACIÓN DE LA DEPENDENCIA EN EL ESPÍRITU SANTO POR EL MINISTERIO

El Ministerio de la Iglesia

1. Pasado - ¿Son los ministerios pasados produciendo ...?
    a. El fruto espiritual verdadero en el presente? ___________
    b. La gloria a Dios en el presente? ____________________

2. Presente - ¿Son los ministerios presentes realizados con ...?
    a. Dependencia en Dios para Su dirección y poder? ________
    *¿Cómo? ____________________________________
    b. Dedicación a la instrucción clara de las Escrituras? ______
    *¿Cómo? ____________________________________
    c. Oración por la preparación e implementación? _________
    *¿Cómo? ____________________________________

3. Futuro - ¿Son los ministerios futuros preparándose con ...?
    a. Oración por cada detalle? ____________________
    b. Oración por el fruto espiritual? __________________
    c. Dedicación a extender el Evangelio? ______________
    d. Dedicación a avanzar el discipulado de los creyentes? ____
    e. Dependencia en el poder del Espíritu Santo aun cuando haya impedimentos mundanos? ___________________

El Ministerio del Misionero

1. Pasado - ¿Son sus testimonios presentados ....?
    a. Revelando la dirección de Dios por su salvación y crecimiento espiritual? ____________
    b. Revelando la provisión de Dios para llevarlo a este punto de su vida? ____________
    c. Magnificando el poder de Dios en el fruto producido por sus ministerios cumplidos? _____________

2. Presente - ¿Es su ministerio corriente probando su ...?
   a. Dependencia en Dios para la dirección y el poder? _______
      *¿Cómo? ____
   b. Dedicación a la instrucción clara de las Escrituras? ______
      *¿Cómo? ____
   c. Oración por la preparación e implementación? __________
      *¿Cómo? ____

3. Futuro - ¿Son los planes futuros presentados con ...?
   a. Oración por cada detalla? ___________________________
   b. Oración por el fruto espiritual? _______________________
   c. Dedicación a extender el Evangelio? __________________
   d. Dedicación a avanzar el discipulado de los creyentes? ____
   e. Dependencia en el poder del Espíritu Santo aun cuando haya impedimentas mundanas? _______________________

LA AGENCIA MISIONERA

**La iglesia debe tener apreciación
por el ministerio de la agencia
mientras cumple sus responsabilidades al misionero.**

Los Principios Bíblicos
Para la Agencia Misionera
II Corintios 8:16-24

*La Agencia Misionera es una delegación aprobada por las iglesias para recoger y distribuir sus ofrendas misioneras a los misioneros y a los creyentes de que ellas tienen el deseo de apoyar

I. Ella tiene que tener ________ que trabajan de su corazón para el beneficio de las iglesias y aquellos a quienes ella está ayudando (16-17)

II. Ella tiene que ser __________ por los creyentes (18-19)
   A. Ellos de buen ____________ con las iglesias
   B. Ellos _____________ por las iglesias

III. Ella tiene que ____________ las ofrendas/ayudas con honestidad (20-23)
   A. Honestidad delante de _____
   B. Honestidad delante de los _________

IV. Ella tiene que reconocer que los labradores son ____________ de otros (23)
   A. _____________ de las iglesias (el cuerpo de Cristo)
   B. Con la responsabilidad de ___________ a Cristo

***23 En cuanto a Tito,
es mi compañero y colaborador para con vosotros;
y en cuanto a nuestros hermanos,
son mensajeros de las iglesias, y gloria de Cristo.
24 Mostrad, pues,
para con ellos ante las iglesias la prueba de vuestro amor,
y de nuestro gloriarnos respecto de vosotros.***

LAS PROVISIONES DE LA AGENCIA MISIONERA PARA LA IGLESIA Y EL MISIONERO

**Cada agencia sirve a sus misioneros de diferentes maneras y a diferentes niveles, tanto en cómo ella verifica y demanda cuentas de las doctrinas y las prácticas bíblicas del misionero como en cómo ella maneja los fondos para el misionero (desde ser un centro de intercambio de fondos hasta controlar cada detalle de la vida y el ministerio).*

I. ____________

A. La iglesia - Por su proceso de _________, ella provee credibilidad a la iglesia que el misionero tiene creencias específicas y entrenamiento/experiencia adecuada para realizar el ministerio

B. El misionero - Por __________ de los misioneros en la misma agencia, el misionero tiene la oportunidad de investigar el testimonio de las iglesias que está visitando

II. ____________

A. La iglesia - Por su lista de ________, ella provee numerosos misioneros para que la iglesia pueda invitarlos y apoyarlos

B. El misionero - Por su lista de __________ que ya apoyan a sus otros misioneros, el misionero puede tener acceso a unas listas de iglesias de la misma fe y práctica

III. ____________

A. La iglesia - Por los líderes de la agencia ________ y _________ en la iglesia, ella puede estar preparada para recibir visitas del misionero y apoyarlo bíblicamente y prácticamente

B. El misionero - Por el _________ y ________ ofrecido por los maduros en el ministerio el misionero puede estar suficiente preparado para los cambios a su vida y el proceso de empezar su ministerio en su nuevo país

IV. __________

A. La iglesia - Por su ____________ y ____________ como un ministerio/corporación sin fines de lucro que tiene sus procedimientos bien establecidos, la iglesia tiene un lugar para enviar sus ofrendas, y puede tener confianza en que los fondos designados al misionero están manejados correctamente
*La iglesia puede pedir reportes de sus ofrendas y de los presupuestos de sus misioneros

B. El misionero - Por sus ____________ bien explicados y un presupuesto bien hecho (ministerio, salario, plan médico, impuestos, etc.), el misionero puede saber exactamente los fondos disponibles para cada área de su ministerio y familia, y puede tener la seguridad de los recursos por la agencia
*Como negocio, la agencia puede proveer mejor seguro médico de un individual o una iglesia
*La agencia puede acumular los fondos para las emergencias médicas o políticas por ahorrar un poco de cada misionero para el tiempo de necesidad

V. Dar ________

A. La iglesia - Por el _______ frecuente y por dar cuenta regularmente del misionero a la agencia, la iglesia puede estar más segura de que el misionero se mantiene fiel en el ministerio (en la doctrina, en la práctica, en las finanzas, etc.).

B. El misionero - Por las ____________ de otros misioneros de la misma agencia, el misionero puede recibir recomendaciones de las iglesias que están sinceras y fieles, o aviso de aquellas que no son así

VI. ___________

A. La iglesia - Por la ____________ de la misión y sus contactos en los diferentes países, la iglesia y el misionero pueden tener la confianza del más rápido progreso de los documentos legales y la mejor protección si hay situaciones peligrosas para su misionero

B. El misionero - Por las ____________ pasadas y contactos corrientes, el misionero puede recibir el consejo y la ayuda necesaria para recibir sus documentaciones, VISA, etc., que necesita para entrar al país y recibir información y ayuda en los lugares y tiempos peligrosos

Los Peligros de la Agencia Misionera

1. La agencia puede tomar las ________________ de las iglesias
2. La agencia puede _________ su doctrina y práctica y hacerlo difícil por el misionero fiel
3. La agencia puede ____ en sus responsabilidades financieras e impedir que los fondos lleguen al misionero correctamente
4. La agencia puede ____ de controlar el ministerio, los creyentes nacionales, y la propiedad (aun después que el misionero se vaya)
5. La agencia puede _____ demasiado de los fondos del misionero para manejar y mejora la propiedad y miembros de ella

LOS PELIGROS DE LA AGENCIA MISIONERA

LA VISITA DEL MISIONERO

La iglesia debe cumplir sus responsabilidades de recibir al misionero y proveerle durante su visita.

Hechos 14:27-28
27 Y habiendo llegado, y reunido a la iglesia,
refirieron cuán grandes cosas había hecho Dios con ellos,
y cómo había abierto la puerta de la fe a los gentiles.
28 Y se quedaron allí mucho tiempo con los discípulos.

I. Los _______ de visitas del misionero
   A. La _______________ del ministerio (Hechos 13:1-4)
      *Es cuando un misionero nuevo visita para presentar su ministerio por la primera vez para que la iglesia pueda conocerlo y sus planes para servir a Dios
   B. El _________ del ministerio (Hechos 14:23)
      *Es cuando el misionero veterano visita para dar cuenta sobre su ministerio para que la iglesia pueda glorificar a Dios y ayudarlo al misionero en sus planes futuros

II. Las _________ de la visita del misionero
   *I Timoteo 3:6, 5:22
   A. Invita a un misionero después que _______ su testimonio (Hechos 13:1-3)
      1. Su _______________ en el entendimiento y práctica de la Palabra
      2. Su ____________ de fidelidad y servicio al Señor
      3. Su _________ por el Espíritu Santo reconocido por la iglesia
   B. Invita a un misionero después que tenga buenas __________ por otros fieles en el ministerio (II Corintios 8:18-24)
      1. ________
      2. _________ misioneras
      3. __________ en la fe

No invite a ningún misionero
si no está listo para apoyar su ministerio.

C. Durante la visita _______ al misionero, a su familia, y su ministerio (Hechos 20:18-38)
   1. El _________
      a. ¿Cómo comunica las verdades bíblicas?
      b. ¿Cómo comunica con la gente?
   2. Su _______
      a. ¿Cómo responde la familia el uno con el otro?
      b. ¿Cómo está la familia con los planes del ministerio en el presente y en el futuro?
   3. Su _________
      a. ¿Cómo se preparó para el ministerio (estudio bíblico, experiencia en el ministerio, estudio del idioma, etc.)?
      b. ¿Cómo planea participar en el ministerio?

III. El ___________ de la visita del misionero (Hechos 14:27-28)
   A. La iglesia debe _______ para recibir al misionero
   B. La iglesia debe _______ el reporte del misionero
      *Hechos 15:4
      1. Las grandes cosas que Dios había hecho
      2. Las grandes maneras en que la fe había extendida
   C. El misionero debe _______ el compañerismo de la iglesia y ministrar a la iglesia

IV. Las ________________ en la vista del misionero (Romanos 15:23-24)
   A. Por ______________ cristiano con los otros creyentes
      "***24 ... porque espero veros al pasar, ... una vez que haya gozado con vosotros.***"
   B. Por ________ al misionero a llegar a su próxima destinación
      "***24 ... y ser encaminado allá por vosotros, ...***"
         *III Juan 1:5-8

V. La ___________ para la visita del misionero (III Juan 1:5-8)

*Un testimonio alabado por la hospitalidad Cristiana

*Pablo pidió que los creyentes prepararan para sus visitas (Hechos 21:16, 28:7, Filemón 1:22)

*Hebreos 6:10, I Pedro 4:9

A. Alabanza por la __________ en la hospitalidad (5)

B. Alabanza por el ______ expresado en la hospitalidad (6)

C. Alabanza por el ________ a los mensajeros de Dios por la hospitalidad (7-8)

1. Mensajeros del nombre de Dios
2. Mensajeros que no recibieron ayuda de los incrédulos (gentiles)
3. Mensajeros que proclaman la verdad

D. El mandato de ___________ en la hospitalidad (8a)

E. La oportunidad de ______ al ministerio de la verdad por la hospitalidad (6b, 8b)

*Hospitalidad que no provee únicamente para sus necesidades mientras la visita, sino la que provee por sus necesidades para continuar su viaje

Mateo 10:41-42

41 El que recibe a un profeta por cuanto es profeta,
recompensa de profeta recibirá;
y el que recibe a un justo por cuanto es justo,
recompensa de justo recibirá.
42 Y cualquiera que dé a uno de estos pequeñitos
un vaso de agua fría solamente, por cuanto es discípulo,
de cierto os digo que no perderá su recompensa.

Hebreos 6:10

10 Porque Dios no es injusto para olvidar vuestra obra
y el trabajo de amor que habéis mostrado hacia su nombre,
habiendo servido a los santos y sirviéndoles aún.

I Pedro 4:9

9 Hospedaos los unos a los otros sin murmuraciones.

El Ejemplo de la Hospitalidad para el Siervo de Dios
II Reyes 4:8-37
La Mujer Sunamita

I. Las descripciones de la anfitriona (8-10, 13-16)
   A. Ella era del pueblo de ________ (8)
   B. Ella era muy __________ (8)
   C. Ella estaba __________ (8)
   D. Ella estaba __________ de su marido (9)
   E. Ella estaba __________ de aquellos que servían a Dios (9)
   F. Ella estaba _________ de sacrificar para ayudar al siervo de Dios (10)
   G. Ella estaba muy ________ del siervo de Dios (13)
   H. Ella no tenía __________ en público (13)
   I. Ella no tenía _____ (14)
      *El siervo de Eliseo, Giezi, mencionó esta necesidad
   J. Ella _______ la posibilidad de tener un hijo (15-16)

II. La obra de hospitalidad (8-11)
   A. Ella proveyó para la necesidad de _________: pan (8)
   B. Ella proveyó para la necesidad de un ______ para descansar y trabajar: aposento de paredes con una cama, una mesa, una silla, y un candelero (10-11)

III. La bendición de hospitalidad
   A. La __________ y compañerismo frecuentes del hombre de Dios (8-11)
   B. La apreciación y ____________ del hombre de Dios (12-14)
   C. La _________ de Dios por la promesa del hombre de Dios (15-18)
   D. La _________ de su familia por la petición y obra del hombre de Dios (19-37)

LA ENTREVISTA DEL MISIONERO POR TELÉFONO

Nombre: ______________________________
Fecha de llamada: ____/____/________
De Donde: ______________________________
A Donde: ______________________________

Fecha de la visita: ____/____/________
No invite a ningún misionero
si no está listo para apoyar su ministerio.

1. Ministerio
   a. Sus estudios
      i. Universidad - ______________________________
      ii. Seminario - ______________________________
      iii. Otro - ______________________________
   b. Su experiencia
      i. Las Iglesias - ______________________________
      ____
      ____
      ii. Los ministerios - ______________________________
      ____
      ____
   c. Su Iglesia Principal
      i. Nombre - ______________________________
      ii. Pastor - ______________________________
      iii. Lugar - ______________________________
   d. Su agencia
      i. Nombre - ______________________________
      ii. Lugar - ______________________________

e. Su ministerio
   i. País - ______________________
   ii. Pueblo - ______________________
   iii. Tipo de Ministerio
   ❑ Iglesia ❑ Escuela ❑ Otro ______________
   iv. Nombre - ______________________

2. Doctrina
   ¿Qué crees sobre ...?
   a. Las Escrituras (inspiración, autoridad, interpretación, aspecto práctico, versiones, etc.)
   ____
   ____
   ____
   b. Dios y la Trinidad (creación, igualdad, atributos, etc.)
   ____
   ____
   ____
   c. La salvación (la fuente de, como ser salvo, seguridad eterna, etc.)
   ____
   ____
   ____
   d. La iglesia (autoridad/liderazgo, propósito/meta, etc.)
   ____
   ____
   ____
   e. La separación (eclesiástica, personal - doctrina, practica, música, etc.)
   ____
   ____
   ____

3. Horario
    a. ¿Cuándo estará en el área?
        ___/___/______ A ___/___/______
    b. ¿Qué cultos están disponibles?
        ❑ ED, ❑ AM, ❑ PM, ❑ Mie
        Otros - ______________________________
    c. ¿En cuáles ministerios le gusta participar?
        ❑ Testimonio - ______________________________
        ❑ Presentación del ministerio - ____________________
        ❑ Música - ______________________________
        ❑ Enseñar/Predicar - ________________________
    d. ¿Cuáles son las necesidades de hospitalidad?
        ❑ Vivienda ❑ Comidas ❑ Otra ________________
        i. ¿Cuántas personas? - ____________________
        ii. Cosas especiales - ______________________
4. Presupuesto/Apoyo
    a. ¿Cuánto necesitas mensualmente? - $________
    b. ¿Cuánto tiene en porcentaje? - ______%

Las Notas

____
____
____
____
____
____
____
____
____
____
____
____
____
____
____
____
____

Las Preparaciones para las Visitas Misioneras

Filemón 1:22
22 Prepárame también alojamiento; porque espero que por vuestras oraciones os seré concedido.

I. El ________ de la visita
   A. Hacer una fecha en que el misionero está en el ______
      *Para que él no tenga que gastar mucho tiempo ni dinero en su viaje
   B. Hacer una fecha en que los miembros de la iglesia puedan _________ completamente
      *Ser cuidadoso de los días feriados y los tiempos de vacación
   C. Hacer el culto o los cultos con suficiente ________ para presentar su testimonio, familia, y ministerio
      *Cuando sea posible, tenga al misionero en los tres cultos del domingo para que haya más tiempo para que los miembros y el misionero se conozcan.

II. El __________ de la visita
   A. El ministerio de la _________ al misionero (III Juan 1:5-8)
      *El servicio que está según el deseo del siervo en vez del receptor no es servicio verdadero
      1. Ella debe ________ al misionero con gozo y hospitalidad
      2. Ella debe _______ los gastos del misionero para llegar, quedarse, y llegar a su destinación próxima
      3. Ella debe _______ atención con mucho interés en su instrucción y presentación
      4. Ella debe ______ vivienda adecuada para el misionero y su familia
         *Vivienda no es únicamente una cama, sino un segundo hogar en que la familia puede tener descanso, privacidad, y compañerismo cristiano según sus necesidades
         *Vivienda incluye las comidas, pero hay veces en que la comida sencilla es lo mejor para la familia (siempre verificar si hay alergias o comida que no desea)

5. Ella debe ______ una ofrenda para su ministerio en la Palabra para ellos
6. Ella puede ______ las necesidades y/o regalos para animarlo en su viaje y ministerio

B. El ministerio del ___________ a la iglesia (Hechos 14:26-28)

1. Los ______________ en que puede ministrar
*Las habilidades de los misioneros son diferentes, por lo tanto, ellos no deben ser puestos en una caja de expectativas ni comparados uno por el otro
   a. La _________ - Importante para que la iglesia pueda conocer su habilidad de ministrar con la Palabra
   b. La _________ - Importante para que los estudiantes puedan tener interacción personal con el misionero
   c. El ________ de los niños/jóvenes - Importante para que los niños/jóvenes puedan tener una vista de misiones
   d. El _______ - Importante para que los miembros puedan saber su preparación y llamado al ministerio
   e. La ______________ del ministerio - Importante para que los miembros puedan conocer su ministerio y planes y para que ellos estén desafiados de servir a Dios con la misma dedicación
   f. La _______ - Únicamente si él tiene la habilidad verdadera y deseo de hacerla
   g. La _______ - Únicamente si él tiene el tiempo para participar sin afectar sus otros ministerios y viaje
   h. Las ________ especiales y casuales (banquetes, picnic, labor física, etc.) - Es un beneficio de conocer al misionero afuera del tema de misiones, y permitirle servir y disfrutar los otros ministerios de la iglesia
2. Las ___________ en que él puede ministrar
*Por el servicio del misionero, la iglesia puede ver su corazón de servicio al Señor y a los demás
   a. La predicación/instrucción de la _________
   b. Una presentación/explicación de su _________
   c. Una mesa de _____________
   d. La ________ especial
   e. Un programa especial para los _______/__________

f. ____________________ cristiano casual (en la casa, en el restaurante, etc.)
g. La _____ en los proyectos físicos de la iglesia (si lo hay y él tiene la habilidad)

Información del Misionero

Nombre del Misionero ______________________	
Iglesia Principal ______________________	
País del Ministerio ______________________	
Junta de Misión ______________________	
Información del Contacto	
# de Celular ______________	# de Casa ______________
Correo Electrónico ______________________	
Página de Red ______________________	

Archivo de Comunicación		
Fecha ____________	Tipo ____________	Resultado ____________
Fecha ____________	Tipo ____________	Resultado ____________
Fecha ____________	Tipo ____________	Resultado ____________
Fecha ____________	Tip0a ____________	Resultado ____________

Información de Visita	
Fecha de Visita ______________	Tipo de Visita ______________

Culto	Tiempo	Participación en el Ministerio
ED	____________	Video / Testimonio / Predicar / Exposición / ____________
AM	____________	Video / Testimonio / Predicar / Exposición / ____________
PM	____________	Video / Testimonio / Predicar / Exposición / ____________
Mie	____________	Video / Testimonio / Predicar / Exposición / ____________
	____________	Video / Testimonio / Predicar / Exposición / ____________
	____________	Video / Testimonio / Predicar / Exposición / ____________

Fecha de la llamada de Confirmación ______________________

Información de la Familia		
La Esposa del Misionero ______________________________		
Los Niños del Misionero		
______________________________	F / M	Edad ________
______________________________	F / M	Edad ________
______________________________	F / M	Edad ________
______________________________	F / M	Edad ________

Dirección Postal		
Calle ______________________________		
Pueblo ______________	Estado ______________	Zip ________

Dirección en el Campo Misionero		
Calle ______________________________		
Pueblo ______________	Estado ______________	Zip ________

Información de la Iglesia Principal		
Nombre del Pastor ______________________________		
Calle ______________________________		
Pueblo ______________	Estado ______________	Zip ________
# Telefónico ______________	# de Fax ______________	
Correo Electrónico ______________________________		
Página de Red ______________________________		

Preguntas por la Hospitalidad
1. ¿Hay alergias? ______________________________
2. ¿Hay preferencias de la comida? ______________________________ ______________________________
3. ¿Hay necesidades específicas de la familia? ______________________________ ______________________________

Información de la Hospitalidad		
Lugar/Familia de Vivienda ______________________________		
Sr. ______________________	Sra. ______________________	
Calle ______________________________		
Pueblo ______________	Estado ______________	Zip ___________
# Telefónico ______________________	# de Fax ______________________	
Fecha de Llegar ______________ Tiempo de Llegar ______________		
Fecha de Departir ______________ Tiempo de Departir ______________		
Las Notas Especiales ______________________________ ______________________________		

Las Comidas		
Tipo ________	Nombre/Lugar ______________________________	
Calle ______________________________		
Pueblo ______________	Estado ______________	Zip ___________
Tipo ________	Nombre/Lugar ______________________________	
Calle ______________________________		
Pueblo ______________	Estado ______________	Zip ___________
Tipo ________	Nombre/Lugar ______________________________	
Calle ______________________________		
Pueblo ______________	Estado ______________	Zip ___________

Las Notas

COMO PROGRAMAR UNA CONFERENCIA MISIONERA

I. Las Básicas
  A. Elegir el ______
    1. Las ______ del año
      a. Hacer un tiempo en que lo más posible estén ________ para participar
      b. Hacer un tiempo que esté _______ para hacer un presupuesto misionero y aceptar nuevos misioneros al ministerio
    2. Opción #1 - Un enfoque de una ________
      a. Decidir ________ días la conferencia durará
      b. Decidir cuales son los días más ________ para participación (Todos los días, Dom. al Mie., Mie. al Dom., Vie. al Dom, etc.)
        (1) De los predicadores y los misioneros
        (2) De los miembros
      c. Decidir cuales son los días ____________ para realizar los ministerios y las actividades
    3. Opción #2 - Un enfoque de un _____
      a. Decidir el _____ en que los domingos estén disponibles para tener visitas de los misioneros
      b. Decidir los __________ especiales que van a incluir a los misioneros
  B. Elegir los ____________/____________
    1. Decidir si tendrá un predicador __________ por todo el tiempo
      a. El beneficio - El predicador especial puede predicar todos los mensajes principales para que el tema esté bien declarado
      b. El detrimento - El predicador especial puede impedir la oportunidad para cada misionero a compartir en el ministerio de predicación
    2. Decidir _________ misioneros va a invitar
      a. No tenga más misioneros que las oportunidades para presentar su ministerio completamente
      b. No tenga más misioneros de los que puede proveer adecuadamente por sus viajes y viviendas

3. Decidir los _______ de misioneros que van a invitar
    a. Los _________
    (Algunas iglesias mandan que, si van a apoyar a un misionero, ellos tienen que participar en su conferencia misionera para que puedan pasar más tiempo con ellos y conocerlos mejor)
        (1) Ellos pueden llevar energía y anticipación por lo que Dios va a hacer en el futuro
        (2) Ellos pueden llevar un buen ejemplo de servicio y fe para la generación corriente
        (3) Ellos pueden llevar nuevas opciones para amplificar el ministerio de misiones por apoyarlos
    b. Los ___________
        (1) Ellos pueden llevar historias de fe y la fidelidad de Dios
        (2) Ellos pueden llevar profundidad en el entendimiento de las Escrituras y el ministerio
        (3) Ellos pueden llevar ánimo por continuar de participar en el ministerio de Dios a través del mundo

C. Elegir un ______
    1. Él debe estar ____________ en las Escrituras
    2. Él debe ser _______ y _______
    3. Él debe ________ participación
    4. Él debe _________ el enfoque del ministerio por el año

D. Elegir las ______
    1. Ellas tienen que estar ____________ en las Escrituras
    2. Ellas tienen que estar ____________ con el tema
    3. Ellas tienen que ____ toda la Gran Comisión (en casa y a través del mundo)
    4. Ellas tienen que ser __________ y prácticas
    5. Ellas tienen que _________ a todos los miembros

II. El programa

A. Organizar un programa para las _____________ de predicar o enseñar
    1. _____ un "predicador especial"
        a. Establecer la cantidad de oportunidades que el predicador especial presentará los menajes principales
        b. Establecer un programa en el que los misioneros puedan participar en las clases, en la iglesia de los niños y en los eventos especiales, etc.

2. _____ un "predicador especial"
   a. Cada misionero puede predicar un mensaje principal
   b. Cada misionero que no está predicando puede enseñar en las clases, en la iglesia de los niños, etc.

B. Organizar un tiempo para que cada misionero pueda __________ su ministerio adecuadamente
(El tiempo debe ser lo suficientemente largo como para que ellos puedan comunicar algunos detalles importantes - 10-15 min.)
   1. Presentar su ___________ personal y de su llamado al ministerio
   2. Presentar su __________ por introducción y video
   3. Contestar ___________ sobre su vida y ministerio

C. Organizar las _________/_________ especiales en que los misioneros pueden participar
   1. Las actividades/ministerios que incluyen la _________
      a. Música especial
      b. Banquetes
      c. Preguntas y Respuestas
      d. Visitación
      e. Actividades de los niños/jóvenes
   2. Las actividades especiales para los ____________
      a. Visitar lugares históricos
      b. Tener tiempo con su familia
      c. Disfrutar tiempo como misioneros unidos

D. Organizar y comunicar los ________ de la conferencia
   1. Comunicación con la ________
      a. Comunicar las fechas, el tema, etc. semanas en adelante
      b. Imprimir rótulos con el tema
      c. Imprimir boletines con las fotos e información de cada predicador/misionero
   2. Comunicación con los ____________/____________
      a. Enviar cartas con el tema y las metas de la conferencia semanas antes
      b. Enviar cartas con los detalles y las responsabilidades específicas para cada predicador/misionero
      c. Proveer un paquete de detalles impresos a cada predicador/misionero
         (1) Información de la iglesia (# de contacto, nombres de pastores y diáconos, etc.)

(2) Información de vivienda (mapa, nombre, información de contacto, etc.)
(3) Programa de oportunidades para predicar, enseñar, presentar el ministerio, etc.
(4) Programa detallado de las expectativas y citas del ministerio
(5) Mapas (farmacias, gasolineras, tiendas, restaurantes, etc.)

E. Organizar la _______________ de las facilidades
1. Montar los _________ con el tema
2. Montar las ____, etc. de los misioneros (que vienen y que se apoya)
3. Montar las _________ de los países que tienen misioneros que se apoya
4. Montar _______ y limpiar áreas para que los misioneros puedan montar sus mesas de información
5. Montar la ___________ y verificar el sistema de sonido para las presentaciones de video
6. Montar las ______________ y preparar las mesas y sillas para un banquete o los otros eventos especiales

F. Organizar ___________ para la iglesia a expresar su apreciación y amor para con los predicadores/misioneros
1. __________
2. ______________
3. ___________ (fiesta de cumpleaños)

III. Vivienda
(Proveer los nombres, los mapas, e información de contacto)

A. Investigar ______ cada predicador/misionero puede llegar y tienen que salir

B. Preparar ________________ (cuarto/casa/hotel) adecuados por cada predicador/misionero y su familia
1. Preguntar sobre alergias
2. Preguntar para las necedades y preferencias específicas

C. Organizar/proveer ___________
1. Preguntar sobre alergias y preferencias
2. Preparar y proveer un programa detallado de las comidas preparadas por la iglesia y los miembros
3. Proveer meriendas y comida para las comidas que no estarán preparadas por la iglesia ni los miembros

LA CONFERENCIA MISIONERA

Las Fechas: __________ a __________

Los Días: Dom., Lun., Mar., Mie., Jue., Vie., Sab.

El Tema: ____

Predicador ________________________________	
# de Tél. ______________	Su Ministerio: ______________________
Llegar: ______________________	Partida: ____________________
Misionero #1 ______________________________	
# de Tél. ______________	Su Ministerio: ______________________
Llegar: ______________________	Partida: ____________________
Misionero #2 ______________________________	
# de Tél. ______________	Su Ministerio: ______________________
Llegar: ______________________	Partida: ____________________
Misionero #3 ______________________________	
# de Tél. ______________	Su Ministerio: ______________________
Llegar: ______________________	Partida: ____________________
Misionero #4 ______________________________	
# de Tél. ______________	Su Ministerio: ______________________
Llegar: ______________________	Partida: ____________________
Misionero #5 ______________________________	
# de Tél. ______________	Su Ministerio: ______________________
Llegar: ______________________	Partida: ____________________

Escuela Dominical		
Clase	Misionero	Cuarto
Adultos	____________	____________
Jóvenes	____________	____________
Otro: ____________	____________	____________
Otro: ____________	____________	____________
Otro: ____________	____________	____________
Domingo AM		
Ministerio	Misionero	Cuarto
Testimonio	____________	____________
Presentación	____________	____________
Música Especial	____________	____________
Predicación	____________	____________
Iglesia de los Niños	____________	____________
Otro: ____________	____________	____________
Domingo PM		
Ministerio	Misionero	Cuarto
Testimonio	____________	____________
Presentación	____________	____________
Música Especial	____________	____________
Predicación	____________	____________
Iglesia de los Niños	____________	____________
Otro: ____________	____________	____________

Miércoles PM		
Clase	Misionero	Cuarto
Adultos	________________	________
Jóvenes	________________	________
Otro: ________	________________	________
Otro: ________	________________	________
Otro: ________	________________	________

Culto Especial: ________________		
Ministerio	Misionero	Cuarto
Testimonio	________________	________
Presentación	________________	________
Música Especial	________________	________
Predicación	________________	________
Iglesia de los Niños	________________	________
Otro: ________	________________	________

Culto Especial: ________________		
Ministerio	Misionero	Cuarto
Testimonio	________________	________
Presentación	________________	________
Música Especial	________________	________
Predicación	________________	________
Iglesia de los Niños	________________	________
Otro: ________	________________	________

Los Resultados de la Conferencia

La Asistencia	
Escuela Dominical: _________	Miércoles PM: _________
Domingo AM: _________	Culto Especial: _________
Domingo PM: _________	Culto Especial: _________

Las Ofrendas	
La ofrenda de toda la semana	$ ____________
La ofrenda/Honorarios para el predicador	$ ____________
La ofrenda/Honorarios para el misionero #1	$ ____________
La ofrenda/Honorarios para el misionero #2	$ ____________
La ofrenda/Honorarios para el misionero #3	$ ____________
La ofrenda/Honorarios para el misionero #4	$ ____________
La ofrenda/Honorarios para el misionero #5	$ ____________

Las Tarjetas de Declaración por Fe (Gracia)		
La Meta $ ____________		El Total Global $ ____________
Niños $ ____________	Jóvenes $ ____________	Adultos $ ____________

Los Misioneros Apoyados				
El Misionero	Antes	Si Ahora	? Futuro	No
#1 ____________	$ ________	$ ________	❑	❑
#2 ____________	$ ________	$ ________	❑	❑
#3 ____________	$ ________	$ ________	❑	❑
#4 ____________	$ ________	$ ________	❑	❑

EL PUESTO Y LA HONRA DEL MISIONERO

La iglesia debe reconocer el puesto del misionero y honrarlo como a un hombre de Dios.

Romanos 10:13-15

13 porque todo aquel que invocare el nombre del Señor,
será salvo.
14 ¿Cómo, pues, invocarán a aquel en el cual no han creído?
¿Y cómo creerán en aquel de quien no han oído?
¿Y cómo oirán sin haber quien les predique?
15 ¿Y cómo predicarán si no fueren enviados?
Como está escrito:
¡Cuán hermosos son los pies de los que anuncian la paz,
de los que anuncian buenas nuevas!

I. El ______ del misionero - Romanos 10:13-15
  A. Él es __________ de las "***buenas nuevas***"
    "***¿Y cómo oirán sin haber quien les predique? ¿Y cómo predicarán ...***"
    1. I Timoteo 2:7 - _________ por Dios para enseñar la fe y la verdad
    2. II Timoteo 1:11-12 - ________ por Dios para enseñar el Evangelio
  B. Él es __________ de "***la paz***"
    *Proverbios 13:17
    *Mateo 9:38
    1. Hechos 13:1-4 - ___________ el mensaje del otro
      a. _______________ por la iglesia - (#630. ἀπολύω) "libertar completamente"
        ("Despedir." Strong, James. Nueva Concordancia Strong Exhaustiva: Diccionario. Nashville, TN: Caribe, 2002.)
        *Sin el misionero, la iglesia no puede realizar todo su propósito
      b. ______ por el Espíritu Santo - (#1599. ἐκπέμπω) "despachar"
        ("Enviar." Strong, James. Nueva Concordancia Strong Exhaustiva: Diccionario. Nashville, TN: Caribe, 2002.)
        *Juan 20:21
        *Hechos 9:15-16, 22:20, 26:15-18
        *Hechos 14:26, 15:39 - Él es encomendado a la gracia de Dios
    2. Efesios 6:19-20 - ____ a las áreas extranjeras y peligrosas

C. Él es _________ (siervo) por ser "***envidado***"
*II Corintios 4:5
1. Romanos 15:15-16 - Ministra por ____________ por ministrar el Evangelio
2. Efesios 3:7-8 - Ministra por la ______ de Dios para predicar de las inescrutables riquezas de Cristo (el evangelio)
3. Colosenses 1:23-25 - Ministra por la ____________ de Dios para anunciar la Palabra de Dios

II. La _______ del misionero - Romanos 10:15b
"***¡Cuán hermosos son los pies de los que anuncian la paz, de los que anuncian buenas nuevas!***"
*Isaías 52:7
*Nehum 1:15
A. Honrado porque sus _____ se llevan
B. Honrado porque su ______ anuncia
*Por lo tanto, él debe recibir la honra bíblica por su ministerio y servicio - II Corintios 8:23-24, I Timoteo 5:17-18, II Timoteo 2:1-11
1. La paz
2. Las buenas nuevas

III. La __________/__________ del misionero
A. Mantener el puesto y ________ en su iglesia principal - Hechos 13:1-3, 14:28, 15:35, 18:22-23
B. Predicar el Evangelio y __________ las iglesias - Hechos 13:4-14:25
C. ___________ las iglesias - Hechos 14:22, 15:41, 18:23
D. _________ a los pastores - Hechos 14:23, Tito 1:5
E. _________ a aquellos en error - Hechos 15:1-2, Gálatas 2:11
*Excluyendo en su iglesia principal y otros líderes espirituales
F. ___________ a las iglesias - Hechos 11:29, 12:25, 15:3-6, 23-35
G. ___________ su experiencia y consejo - Hechos 15:7-22 (12)
*Bernabé está nombrado antes que Pablo y tenía la oportunidad de compartir, aunque no era Apóstolo
H. ______, enseñar, y encomendar a Dios a los pastores - Hechos 20:16-38

Como Ser una Bendición al Misionero

Mateo 7:12
12 Así que,
todas las cosas que queráis que los hombres hagan con vosotros,
así también haced vosotros con ellos;
porque esto es la ley y los profetas.

I Timoteo 5:17
17 Los ancianos que gobiernan bien,
sean tenidos por dignos de doble honor,
mayormente los que trabajan en predicar y enseñar.

I. __________
   A. Reconozca que él es siervo de ___, entonces *trátalo* como embajador del Rey de reyes
   B. Reconozca que él es tu _________, entonces *trátalo* como familia
   C. Reconozca que sus __________ y ______ son reales, entonces *trátalo* como compañero en la batalla

II. __________
   A. Contestar y responder personalmente a sus ________
   B. Contestar y responder personalmente a su ____________ (carta, correo electrónico, etc.) sin tardar
   C. Compartir las _____________ y los planes para el futuro (apoyo, etc.)
   D. Pedir sobre sus ___________ y aquellas de su familia
   E. Compartir con él y su ________ mientras su visita
   F. Comunicar sobre él a la iglesia y con él en conversaciones privadas, con _________ (usa los títulos apropiados: Pastor, Misionero, etc.).
   G. Continuar a compartir con él _______ su visita (recibir y leer sus cartas de oración)

III. _______
   A. ______ y preparar a la gente para su visita
   B. _______ adecuadamente por su visita y por su vida y ministerio en el campo

C. ________ y ser flexible y una ayuda para las necesidades de su familia
*Enviar expresiones de su cuida a la familia cuando esté en el campo
D. Ser ____ y ___ en las conversaciones (hacer lo que diga que va a hacer)
E. ________ las oportunidades de animar y exhortar (en vez de criticar) cuando está visitando y cuando esté en el campo
F. ______ y ____ por algunas oportunidades para descansar, recuperarse, y tener diversión
G. ____________ delante de la gente durante todo el año (pared con su información y cartas, tiempo específico de oración durante la semana, programa de adopción, comunicación en las ocasiones especiales)

I Juan 3:16-18

16 En esto hemos conocido el amor,
en que él puso su vida por nosotros;
también nosotros debemos poner nuestras vidas por los hermanos.
17 Pero el que tiene bienes de este mundo
y ve a su hermano tener necesidad,
y cierra contra él su corazón,
¿cómo mora el amor de Dios en él?
18 Hijitos míos, no amemos de palabra ni de lengua,
sino de hecho y en verdad.

EL LLAMAMIENTO DEL MISIONERO
EN HECHOS
POR EL EJEMPLO DE PABLO

La iglesia debe realizar su ministerio de discipular a los creyentes para que estén dispuestos a recibir el llamado de Dios por el ministerio.

I Timoteo 1:12

12 Doy gracias al que me fortaleció, a Cristo Jesús nuestro Señor, porque me tuvo por fiel, poniéndome en el ministerio,

I. El llamado a ... (9:1-16, 26:12-30)
   A. La ________ (9:4-6, 26:14-15)
   B. El ________ (9:15-16, 26:16-18)

II. El llamado ____________ (13:1-4)
   *Pablo recibió su llamado para ser "misionero" aproximadamente ocho años antes que estaba enviado por la iglesia y el Espíritu Santo en su primer viaje misionero con Bernabé
   A. Confirmado por los ________ espirituales (1)
      1. ________
      2. __________
   B. Confirmado ____________ que estaba participando en la obra (2a)
      1. __________
      2. __________
   C. Confirmado por el ________ _______ (2b)
      1. Mandato de __________
      2. Mandato de ________ una obra específica
   D. Confirmado por la ___________ de los líderes espirituales (3a)
      1. Por _______
      2. Por _____
      3. Por poner sus ________ sobre ellos
      4. Por _________

III. El llamado ___________ (13:4-5)
   A. Por la dirección y poder del _________ _______
   B. Por ir al _______
   C. Por _________ la Palabra de Dios
   D. Por _______ a otros en su ministerio

IV. El llamado al lugar/gente ______________
   *El llamado de Felipe al desierto, y de Pablo a Macedonia
   *El llamado para cumplir un ministerio específico, no para ministrar en general
   A. El ministro estaba _______________ antes
      1. Felipe - Predicando en Samaria (8:1-25)
      2. Pablo - Predicando en muchos pueblos (15:40-16:6)
   B. El ministro tenía que ___ a un sitio a que no estaba planeando de ir
      1. Felipe - Salir Samaria para ir al camino intermedio Jerusalén y Gaza (8:26)
      2. Pablo - El Espíritu Santo no le permitió ir a Asia ni a Bitinia (16:6-7)
   C. El ministro _________ la noticia sobre la necesidad de la gente
      1. Felipe - Informado por un ángel (8:26)
      2. Pablo - Informado por sueño (16:9)
   D. El ministro ___________ inmediatamente por ir al sitio/persona
      1. Felipe - Él se levantó y se fue (8:27)
      2. Pablo - Él salió lo más pronto posible para llegar a Macedonia (16:10-12)
         *Dando por cierto que Dios nos llamaba para que les anunciásemos el evangelio.
   E. El ministro __________ a alguien buscando a Dios
      1. Felipe - El eunuco estaba estudiando Isaías (8:28-31)
      2. Pablo - Lidia adoró a Dios y prestó atención al mensaje del ministro (16:13-14)
   F. El ministro ________ su llamado por presentar el Evangelio, y bautizar a los nuevos creyentes
      1. Felipe - El eunuco aceptó a Jesús y estaba bautizado (8:32-40)
         *Él continuó ministrando en otros pueblos inmediatamente después por la dirección del Espíritu Santo
      2. Pablo - Lidia aceptó a Jesús y estaba bautizada (16:13-15)

LOS REQUISITOS DEL MISIONERO

I Corintios 9:26-27

26 Así que, yo de esta manera corro, no como a la ventura;
de esta manera peleo, no como quien golpea el aire,
27 sino que golpeo mi cuerpo, y lo pongo en servidumbre,
no sea que habiendo sido heraldo para otros,
yo mismo venga a ser eliminado.

II Corintios 6:1-10 (3-4)

3 No damos a nadie ninguna ocasión de tropiezo,
para que nuestro ministerio no sea vituperado;
4 antes bien, nos recomendamos en todo como ministros de Dios ...

Santiago 3:1

Hermanos míos, no os hagáis maestros muchos de vosotros,
sabiendo que recibiremos mayor condenación.

I. Los misioneros en _________ (Hechos 9:4-18, 13:1-4, 26:14-18)
   A. Una persona ________ (9:4-17, 26:14-15)
   B. Una persona _________ (9:18)
   C. Una persona ________ (9:15-16, 26:16-18)
      *Seguro que es en la voluntad de Dios por la confianza del Espíritu Santo
   D. Una persona ___________ en el ministerio (13:1-2)
   E. Una persona ________ a la oración (ayunar) (13:2)
   F. Una persona __________ por los demás como llamado por el Espíritu Santo (13:3)

II. Los misioneros en el ____________ en general (Tito 2:1-4)
   *Es la "***sana doctrina***" que produce la vida pura para cada creyente
   A. El __________ (2)
      1. ________ - (Strong #3524) *"circunspecto:—prudente"*
         **"1 [persona] Que no es exagerado en su forma de actuar, especialmente al comer y al beber." (Diccionario Escolar Lengua Española, VOX, 2000)*

2. ___ - (Strong #4586) *"venerable, i.e. honorable:—serio, honesto."* *"1 Que tiene un aspecto severo y sobrio ... 2 Que es responsable y riguroso, y obra pensando bien sus actos, sin hacer bromas y sin tratar de engañar ... 4 Que es grave o importante, o que provoca preocupación ..." (Diccionario Escolar Lengua Española, VOX, 2000)*
3. _____ (Discreción) - (Strong #4998) *"seguro (sano) de mente, i.e. que se domina a sí mismo (moderado en cuanto a opinión o pasión)"*
   "Que muestra buen juicio y madurez en sus actos y obra con moderación." (Diccionario Escolar Lengua Española, VOX, 2000)
4. ______ ... - (Strong #5198) *"tener buena salud, i.e. estar bien (en cuerpo); fig. ser incorrupto (fiel en doctrina)"*
   "Que está entero, que no tiene ningún defecto. Que es sincero y tiene buena intención." (Diccionario Escolar Lengua Española, VOX, 2000)
   a. En la ___
   b. En el ______
   c. En la __________

B. La __________ (3-4a)
1. _______ (Reverenciar) - (Strong #2412) *"de 2413 y lo mismo que 4241"*
   ***Strong #2413 - "sagrado"*
   ***Strong #4241 - "elevarse (ser conspicuo), i.e. (por impl.) ser apropiado o propio"*
   "Mostrar respeto o veneración por una persona o una cosa a la que se estima ..." (Diccionario Escolar Lengua Española, VOX, 2000)
2. No ____________ (Calumniar) - (Strong #1228) *"calumniador; espec. Satanás"*
   "Acusar falsamente a alguien con la intención de causarle daño." (Diccionario Escolar Lengua Española, VOX, 2000)
3. No _______ del vino
   a. Esclava - (Strong #1402) *"esclavizar (lit. o fig.):—reducir a servidumbre"*
      "1 [persona] Que carece de libertad y derechos propios por estar sometido de manera absoluta a la voluntad y el dominio

de otra persona. 2 [persona] Que carece de libertad por estar sometido a la voluntad de otra persona, a una forma de vida opresiva o a un vicio ..." (Diccionario Escolar Lengua Española, VOX, 2000)

b. Vino - (Strong #3631) *"lagar"*
**"Bebida alcohólica obtenida de la fermentación del zumo de la uva" (Diccionario Escolar Lengua Española, VOX, 2000)*

4. ________ del bien

a. Maestra - (Strong #2567) *"de 2570 y 1320"* - 1320 *"instructor (gen. o espec.):—doctor, maestro, padre (de familia)"*
**"2 Persona que se dedica a la enseñanza y que tiene título para ello, especialmente la que enseña en la escuela primaria. 3 Persona de gran experiencia en una materia ... 7 Persona que se dedica a torear." (Diccionario Escolar Lengua Española, VOX, 2000)*

b. Bien - (Strong #2567) *"de 2570 y 1320"* - 2570 *"hermoso, pero principalmente (fig.) bueno (lit. o mor.), i.e. valioso o virtuoso (por apariencia o uso, y así distinguido de 18; que es prop. intrínseco:—recto, honradamente, honroso, mejor, bien, bueno."*
**"1 De modo adecuado o correcto; como moral o técnicamente se debe ... 10 Cosa que es útil o buena para una persona o un grupo y que produce felicidad: no seas egoísta y busca con el trabajo tu bien y el de los demás." (Diccionario Escolar Lengua Española, VOX, 2000)*

III. Los ___________/__________ (I Timoteo 3:1-7, Tito 1:6-9)

*I Timoteo 3:1 ***Palabra fiel: Si alguno anhela obispado, buena obra desea.***

*I Timoteo 3:2 ***Pero es necesario que el obispo sea irreprensible ...***

*Tito 1:6 ***El que fuere irreprensible ...***

*Irreprensible - (Strong #423) *"no arrestado, i.e. (por impl.) inculpable:—sin reprensión"* ()

**"No puede ser llamado a rendir cuentas ... sin acusación alguna, como resultado de una investigación pública ... Implica no una mera absolución, sino la inexistencia de cualquier tipo de cargos o de acusación en contra de una persona ..." *(Vine)*

A. Los requisitos para la vida _____ del misionero/pastor (y su familia) (I Timoteo 3:2, 4-5, Tito 1:6)

1. ________ ***de una sola mujer*** *(I Timoteo 3:2, Tito 1:6)*
   ✎*El hombre de Dios debe ser un hombre de una sola mujer. Este requisito incluye, pero no se limita a los documentos legales del matrimonio. Un hombre de Dios debe ser dedicado en sus pensamientos, actitudes, emociones, y acciones a la esposa que Dios le ha dado.*
2. ***Que ________ bien su casa, ... (pues el que no sabe gobernar su propia casa, ¿cómo cuidará de la iglesia de Dios?);*** *(I Timoteo 3:4-5)*
   ✎*El hombre de Dios debe ser un buen líder en su casa y cumplir su responsabilidad de administrarla con toda diligencia.*
3. ***Que tenga a sus hijos en _______ con toda honestidad*** *(I Timoteo 3:4)*
   ✎*El hombre de Dios debe mantener su liderazgo sobre sus hijos. Sus niños deben estar en sumisión al liderazgo de su padre.*
4. ***Tenga hijos ________ que no estén acusados de disolución ni de rebeldía*** *(Tito 1:6)*
   ✎*El hombre de Dios debe estar comprometido a criar a niños piadosos. Sus niños deben ser entrenados en la crianza y la admonición del Señor, y no ser dados a una vida perversa y rebelde.*

B. Los requisitos para la vida _____ del misionero/pastor (su testimonio y ministerio) *(I Timoteo 3:2-3, 6-7, Tito 1:7-9)*

*Tito 1:7 ***Porque es necesario que el obispo sea irreprensible ... como administrador de Dios***

➫*El predicador debe estar atento como el siervo de Dios y en la dependencia de Dios para cumplir el ministerio de Dios.*

1. ________ *(I Timoteo 3:2, Tito 1:8)*
   ✎*El hombre de Dios debe ser un hombre de pensamientos bien fundamentados. No debe ser de doble ánimo en sus decisiones ni en su estilo de vivir. Debe exhibir prudencia.*
2. __________ *(I Timoteo 3:2)*
   ✎*El Hombre de Dios debe ser circunspecto y cuidadoso en sus palabras y acciones.*

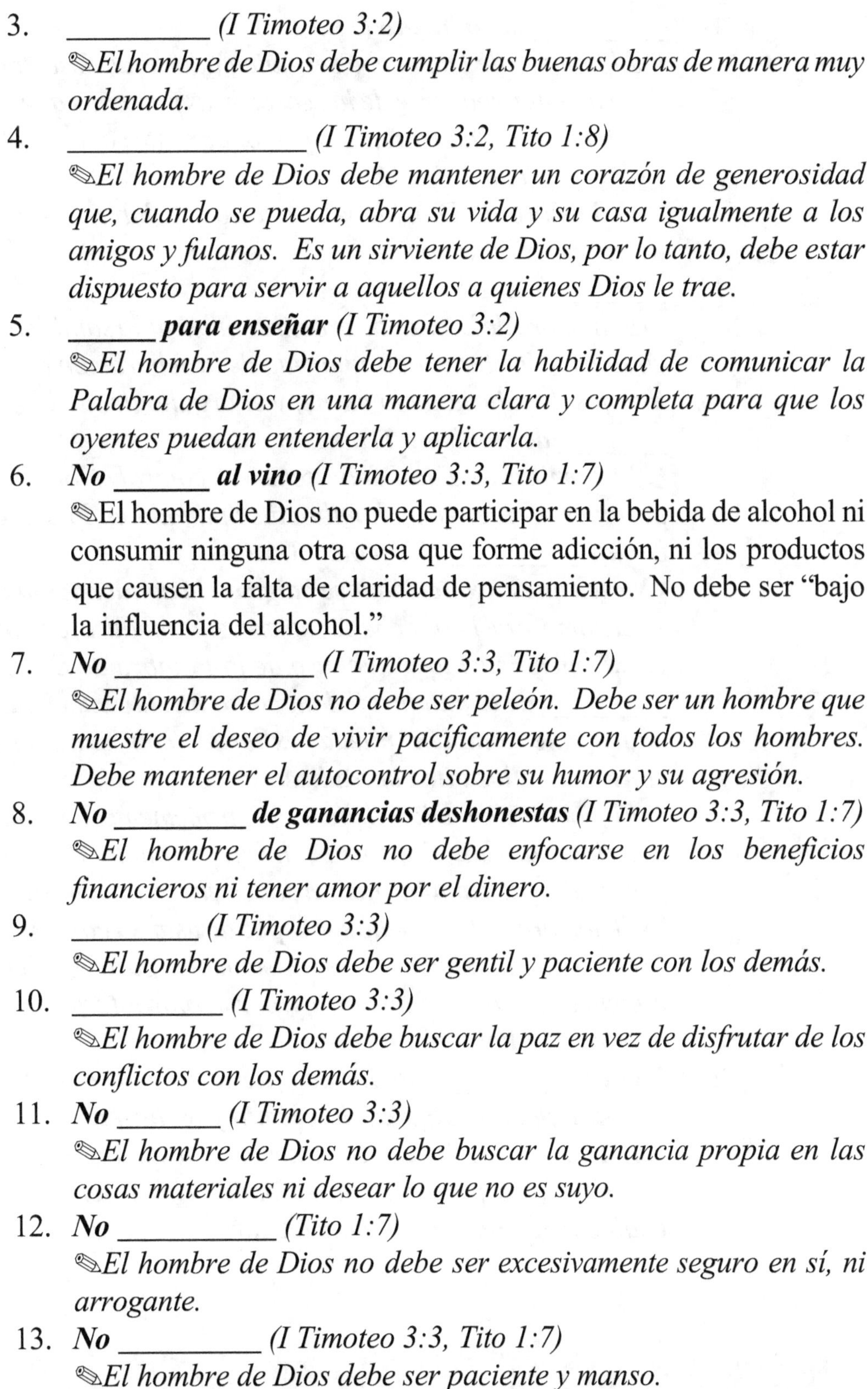

3. _________ *(I Timoteo 3:2)*
   ✎*El hombre de Dios debe cumplir las buenas obras de manera muy ordenada.*
4. _______________ *(I Timoteo 3:2, Tito 1:8)*
   ✎*El hombre de Dios debe mantener un corazón de generosidad que, cuando se pueda, abra su vida y su casa igualmente a los amigos y fulanos. Es un sirviente de Dios, por lo tanto, debe estar dispuesto para servir a aquellos a quienes Dios le trae.*
5. ______ ***para enseñar*** *(I Timoteo 3:2)*
   ✎*El hombre de Dios debe tener la habilidad de comunicar la Palabra de Dios en una manera clara y completa para que los oyentes puedan entenderla y aplicarla.*
6. ***No*** ______ ***al vino*** *(I Timoteo 3:3, Tito 1:7)*
   ✎El hombre de Dios no puede participar en la bebida de alcohol ni consumir ninguna otra cosa que forme adicción, ni los productos que causen la falta de claridad de pensamiento. No debe ser "bajo la influencia del alcohol."
7. ***No*** _____________ *(I Timoteo 3:3, Tito 1:7)*
   ✎*El hombre de Dios no debe ser peleón. Debe ser un hombre que muestre el deseo de vivir pacíficamente con todos los hombres. Debe mantener el autocontrol sobre su humor y su agresión.*
8. ***No*** ________ ***de ganancias deshonestas*** *(I Timoteo 3:3, Tito 1:7)*
   ✎*El hombre de Dios no debe enfocarse en los beneficios financieros ni tener amor por el dinero.*
9. ________ *(I Timoteo 3:3)*
   ✎*El hombre de Dios debe ser gentil y paciente con los demás.*
10. _________ *(I Timoteo 3:3)*
    ✎*El hombre de Dios debe buscar la paz en vez de disfrutar de los conflictos con los demás.*
11. ***No*** _______ *(I Timoteo 3:3)*
    ✎*El hombre de Dios no debe buscar la ganancia propia en las cosas materiales ni desear lo que no es suyo.*
12. ***No*** __________ *(Tito 1:7)*
    ✎*El hombre de Dios no debe ser excesivamente seguro en sí, ni arrogante.*
13. ***No*** _________ *(I Timoteo 3:3, Tito 1:7)*
    ✎*El hombre de Dios debe ser paciente y manso.*

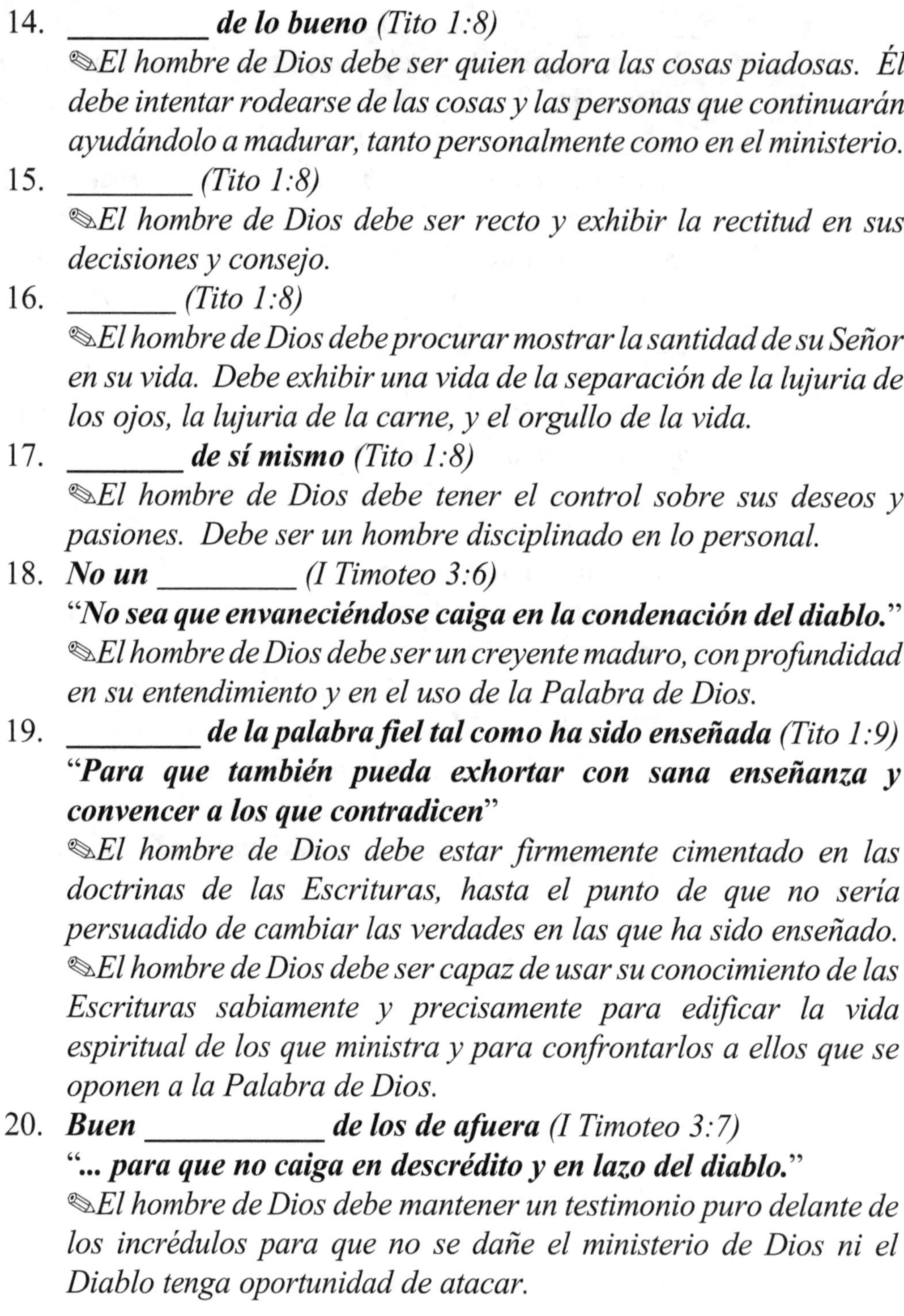

14. ________ ***de lo bueno*** *(Tito 1:8)*
✎*El hombre de Dios debe ser quien adora las cosas piadosas. Él debe intentar rodearse de las cosas y las personas que continuarán ayudándolo a madurar, tanto personalmente como en el ministerio.*
15. _______ *(Tito 1:8)*
✎*El hombre de Dios debe ser recto y exhibir la rectitud en sus decisiones y consejo.*
16. ______ *(Tito 1:8)*
✎*El hombre de Dios debe procurar mostrar la santidad de su Señor en su vida. Debe exhibir una vida de la separación de la lujuria de los ojos, la lujuria de la carne, y el orgullo de la vida.*
17. _______ ***de sí mismo*** *(Tito 1:8)*
✎*El hombre de Dios debe tener el control sobre sus deseos y pasiones. Debe ser un hombre disciplinado en lo personal.*
18. ***No un*** ________ *(I Timoteo 3:6)*
"***No sea que envaneciéndose caiga en la condenación del diablo.***"
✎*El hombre de Dios debe ser un creyente maduro, con profundidad en su entendimiento y en el uso de la Palabra de Dios.*
19. ________ ***de la palabra fiel tal como ha sido enseñada*** *(Tito 1:9)*
"***Para que también pueda exhortar con sana enseñanza y convencer a los que contradicen***"
✎*El hombre de Dios debe estar firmemente cimentado en las doctrinas de las Escrituras, hasta el punto de que no sería persuadido de cambiar las verdades en las que ha sido enseñado.*
✎*El hombre de Dios debe ser capaz de usar su conocimiento de las Escrituras sabiamente y precisamente para edificar la vida espiritual de los que ministra y para confrontarlos a ellos que se oponen a la Palabra de Dios.*
20. ***Buen*** __________ ***de los de afuera*** *(I Timoteo 3:7)*
"***... para que no caiga en descrédito y en lazo del diablo.***"
✎*El hombre de Dios debe mantener un testimonio puro delante de los incrédulos para que no se dañe el ministerio de Dios ni el Diablo tenga oportunidad de atacar.*

Tito 1:9

Todos los requisitos para el hombre de Dios son

"*. . . Para que también pueda exhortar con sana enseñanza y convencer a los que contradicen*"

Instrucción Extra sobre el Ministro de Dios

☞El misionero debe ser amable cuando enfrente firmemente a aquellos en el pecado - II Timoteo 2:24-26, II Tesalonicenses 5:14

☞El misionero debe ser enfocado en establecer a cada creyente y ministerio para la protección de la doctrina falsa - Efesios 4:11-16

☞El misionero debe presentar la verdad constante mientras evita las distracciones inútiles - I Timoteo 4:6-7

☞El misionero debe voluntariamente enfrentarse a aquellos que están viviendo en contra de la Palabra de Dios - Gálatas 6:1-2, Santiago 5:19-20

*Strong, James. Nueva Concordancia Strong Exhaustiva: Diccionario. Nashville, TN: Caribe, 2002.
*Diccionario Escolar Lengua Española, VOX. Calabria, España: Biblograf, S.A., 2000.)
*Vine, W.E. Vine Diccionario Expositivo de Palabras Del Antiguo Y Del Nuevo Testamento Exhaustivo. Nashville: Editorial Caribe, 1999.

LOS PASOS PARA SER MISIONERO

I. __________
   A. La ________ - El misionero tiene que tener un testimonio de aceptar a Jesucristo como su salvador personal para que de verdad pueda servir a Dios (II Corintios 5:14-21)
   B. La ________ - El misionero tiene que madurarse en su vida física y su vida espiritual para que tenga el carácter Cristiano para ser fiel en el ministerio de Dios (Lucas 2:52, Hebreos 5:12-14)
   C. El __________ - El misionero tiene que aprender las verdades bíblicas y prácticas por la vida cristiana y el ministerio de Dios y como compartirlas con los incrédulos y los creyentes (II Timoteo 2:1-3, 3:1-7, Tito 1:6-11)
   *El entrenamiento debe siempre estar conectado con la iglesia local, pero muchas veces incluye un tiempo de estudio especial en una universidad bíblica
   D. La ________________ - El misionero tiene que poner su madurez y entrenamiento espiritual en práctica para ganar experiencia verdadera en el ministerio y probar su fidelidad (I Corintios 4:1-2, I Timoteo 3:6, 5:18)

II. ____________
   A. El Reconocer ___________ - El misionero tiene que tener el deseo de ministrar y reconocer que la voluntad (llamado) de Dios por su vida es de servirle por evangelizar a los incrédulos y edificar a los creyentes en el campo misionero (I Timoteo 1:12, 3:1)
   *Muchas veces Dios no solamente dirige al misionero al ministerio, sino también le da un deseo de ministrar en un lugar y grupo de personas específico (Hechos 16:6-10)
   B. El Reconocer ________ - El misionero tiene que ser reconocido por la iglesia (el liderazgo espiritual y la congregación) como un hombre (una mujer) de Dios que es fiel en vivir y ministrar para Dios y que Dios está guiándole (llamándole) al ministerio especial en el campo misionero (Hechos 13:1-4, 16:1-3)

III. ___________

A. La Iglesia ________ - El misionero tiene que recibir la confirmación de su iglesia local de ser enviado por ella al campo misionero para realizar el ministerio de la Gran Comisión (Mateo 28:18-20, Romanos 10:14-15, Hechos 13:1-4)

*La iglesia puede ser la agencia enviadora por actuar como representante espiritual y legal del misionero, si tiene la capacidad de manejar todas las finanzas, los documentos legales, los seguros, etc.

B. La Agencia ________ - El misionero tiene que seleccionar una agencia misionera capaz de actuar como su representante espiritual ante las iglesias apoyadores y el gobierno de su país, así como en el campo misionero (salario, impuestos, seguro, visa, etc.).

IV. __________

A. El _______ - El misionero tiene que comunicarse con pastores e iglesias para hacer citas y viajar a cada iglesia para presentar a sí mismo y su ministerio

B. El _________ - El misionero tiene que presentar las verdades bíblicas acerca del ministerio misionero y de sí mismo (por testimonio) mientras presenta la necesidad espiritual del país en donde desea ministrar

C. El ___________ - El misionero tiene que buscar las oportunidades de ministrar a los incrédulos y a los creyentes (pastores, iglesias, etc.) con que se encuentra mientras que esté viajando para presentar su ministerio futuro

D. El _______________ - El misionero tiene que empezar a prepararse espiritualmente y prácticamente (empacar, ganar la visa, investigar la vivienda en el país nuevo, etc.) por su mudanza al campo misionero

V. ____/____________

A. El _________ - El misionero tiene que dedicarse a hacer contactos con los incrédulos y evangelizarlos por presentar la Palabra de Dios (Marcos 16:15-16, I Corintios 1:22-25, 2:1-5, II Corintios 4:1-6)

B. El _______ - El misionero tiene que discipular (enseñar) a los creyentes por edificarlos con la Palabra e instrucción práctica en como vivir para Dios y realizar Su ministerio (Mateo 28:18-20, Hechos 20:18-35 Efesios 4:11-24)

PREPARAR
SALVACIÓN
ENTRENAR
MADURAR
SERVIR
RECONOCER
PERSONALMENTE
PUBLICAMENTE
APROBACIÓN DE LA IGLESIA
IGLESIA
AGENCIA
ORGANIZAR
PRESENTAR
SOLICITAR
MINISTRAR
INFORMAR
PREPERAR
DESPEDIDA POR LA IGLESIA
IR/DISCIPULAR
EVANGELIZAR
EDIFICAR

El Entrenamiento del Misionero
por el Ejemplo de Pablo en Hechos

La iglesia debe invertir su tiempo y sus bienes para preparar adecuadamente a los misioneros antes de enviarlos al campo.

I. El entrenamiento empieza con la ____________ (9:1-17)

II. El entrenamiento necesita los primeros pasos de ____________ (9:18-19)

III. El entrenamiento tiene que estar mezclado con ____ y ________ verdadera (9:20-25)

IV. El entrenamiento incluye el tiempo para ___________ y con un _________
   A. _________ - 3 años en el desierto (Gálatas 1:17-19)
   B. _________ - Tiempo con Bernabé (9:26-27, 11:22-26, 12:25, 13:1-9)
   *II Timoteo 2:1-2

V. El entrenamiento ofrece oportunidades para ____________ prácticas (11:29-30, 12:25)
   A. El ____ corto con Bernabé para llevar ayuda a la iglesia en Jerusalén de su iglesia en Antioquia

VI. El entrenamiento lleva al ministro a la ______________ de los otros líderes espirituales (13:1-3)
   A. La _________ al ministerio (aprobado por las preguntas de los pastores y el voto de la iglesia)
   B. La _________ al ministerio

VII. El entrenamiento ___________ a través de todo el ministerio
**Filipenses 3:12-16*

Entrenamiento Toma el Tiempo

- Moisés - ___ años en Egipto + ___ años en el campo
- Moisés y Josué - ___+ años en el desierto
- Elías y Eliseo - ____ años en servicio
- Pablo - ___ años después su salvación (en el desierto y con Bernabé)

La Iglesia que Prepara a los Llamados para el Ministerio de Misiones

Mateo 9:37-38

37 Entonces dijo a sus discípulos:
A la verdad la mies es mucha, mas los obreros pocos.
38 Rogad, pues, al Señor de la mies,
que envíe obreros a su mies.

II Timoteo 2:1-2

1 Tú, pues, hijo mío,
esfuérzate en la gracia que es en Cristo Jesús.
2 Lo que has oído de mí ante muchos testigos,
esto encarga a hombres fieles
que sean idóneos para enseñar también a otros.

I. Obligarse a _____ (suplicación)
  A. Orar por el ___________ de los incrédulos (I Timoteo 2:1-4, 8)
  B. Orar por el ___________ y discipulado de los nuevos creyentes (Efesios 1:15-23, 3:1-13)
  C. Orar por el _________ de los creyentes (Mateo 9:37-38)
  D. Orar por la ________ del llamado (Efesios 6:18-19)

II. Enfocarse en ______________ (salvación)
  A. Todas las personas
    1. Los ______ (Hechos 16:1, II Timoteo 1:5, 3:14-15)
       *Los niños que reciben el evangelio temprano pueden ser usados por Dios a través toda su vida
    2. Los _______ (Hechos 16:13-15)
       *Los adultos que reciben el evangelio pueden empezar de inmediato a participar en el ministerio con su tiempo, sus bienes, etc.
  B. Todas las maneras
    1. ___________
    2. __________ en las clases
    3. __________/__________
    4. __________ diarios

5. __________ especiales
6. ________

III. Dedicarse en __________ (santificación)
A. _______ las personas
1. Los ________ (II Timoteo 1:5, 3:14-17)
a. La instrucción ________ y ______ en las clases
(1) Las historias bíblicas
(2) Quien es Dios, Jesús, y el Espíritu Santo
(3) Características Cristianas
b. La animación para __________ las Escrituras
c. La provisión de _______ para los estudios personales diarios lo más temprano posible
(1) Libros de club bíblico
(2) Asignaciones por la semana (con manualidades y actividades)
2. Los __________ (Hechos 18:2-3, 18-19, 23-26, 20:18-21, 26-32)
a. La instrucción _________
(1) Predicación
(2) Instrucción de clases
(3) Conferencias
(4) Instituto Bíblico
b. La instrucción ________
(1) Estudios bíblicos
(2) Consejo especial
(3) Libros espirituales
c. La instrucción ________ por la vida cristiana
(1) Como guardar una relación pura con Dios
(2) Como tener devociones personales diarias (leer, estudiar, memorizar, orar)
(3) Como evangelizar
(4) Como entender y aplicar las doctrinas básicas
(5) Como mantener la familia

IV. Permanecerse en ___________ (servicio)

*Como "mentor" - Proveer la instrucción necesaria y las oportunidades específicas para ofrecer las excedencias necesarias para eliminar los neófitos en el ministerio

****No espere que uno sabe como hacer algo hasta que reciba instrucción cómo, una lista de las expectativas, y un ejemplo de como funciona

A. Ofrecer la ______________ esencial (II Timoteo 2:1-7)

*La instrucción del candidato debe empezar en su iglesia local, puede crecer en una universidad cristiana o un instituto bíblico, pero siempre debe continuar en la iglesia para que el pastor y los líderes espirituales puedan dar instrucción mientras que el candidato experimente el ministerio verdadero

1. Como _________ la Biblia
2. Como __________ la Biblia
3. Como _________ con la Biblia
4. Como __________ una iglesia y sus ministerios
    a. Calendario del año
    b. Escuela dominical
    c. El ministerio de los jóvenes
    d. El ministerio del evangelismo y la visitación
    e. Eventos y cultos especiales
    f. Las finanzas
    g. El ministerio de misiones
5. Como __________ las dificultades en el ministerio
6. Como _________ para la ordenación al ministerio
7. Cuales son los ___________ para el ministro en el ministerio
8. Cual es una _________ bíblica para el ministerio

B. Ofrecer las ____________ diversas (Hechos 13:1-2)

*Ofrecer una práctica en el ministerio que incluye los llamados en todas las partes del ministerio posible, no a la misma vez, sino por poco tiempo en cada uno (con otros creyentes fieles para ofrecer dirección) para que pueda recibir entrenamiento mejor en las áreas débiles y para que esté preparado para las diversidades de ministerios en la iglesia y el campo misionero

*La práctica tiene que durar por tiempo (años) y cada candidato puede progresar a su propia velocidad depende en sus habilidades y experiencia previa

1. El ministerio de bebes
2. El ministerio de niños
3. El ministerio de jóvenes
4. El ministerio de adultos
5. El ministerio de ancianos
6. El ministerio de evangelismo
7. El ministerio de visitación
8. El ministerio de discipular
9. El ministerio de música
10. El ministerio de consejería
11. El ministerio de enseñar y predicar
12. El ministerio de limpieza y mantener la propiedad
13. El ministerio de finanzas

Proverbios 4:10-13

10 Oye, hijo mío, y recibe mis razones,
Y se te multiplicarán años de vida.
11 Por el camino de la sabiduría te he encaminado,
Y por veredas derechas te he hecho andar.
12 Cuando anduvieres, no se estrecharán tus pasos,
Y si corrieres, no tropezarás.
13 Retén el consejo, no lo dejes;
Guárdalo, porque eso es tu vida.

LAS EXPECTATIVAS DEL MISIONERO

I Corintios 3:6-9

6 Yo planté, Apolos regó; pero el crecimiento lo ha dado Dios.
7 Así que ni el que planta es algo, ni el que riega,
sino Dios, que da el crecimiento.
8 Y el que planta y el que riega son una misma cosa;
aunque cada uno recibirá su recompensa conforme a su labor.
9 Porque nosotros somos colaboradores de Dios,
y vosotros sois labranza de Dios, edificio de Dios.

I. Las expectativas del _______ del misionero (6-7)
   A. Él tiene que ______ la semilla del evangelio por presentarlo a aquellos que nunca han oído
      1. Salmos 126:5-6 - Plantar la semilla incluye _________ y _______
      2. Romanos 10:9-15 - Plantar la semilla incluye ___ y _________
      3. Marcos 4:3-8, 13-20 - Plantar la semilla incluye ___________ sin prejuicio
   B. Él tiene que ______ la semilla del evangelio por estar fiel en ministrar a aquellos que han oído pero todavía no han recibido
      1. Hechos 20:18-21, 31-32 - Regar requiere ______, las ________, humildad, y compasión
      2. II Corintios 4:1-7 - Regar requiere ________ por la misericordia de Dios, y ________ en presentar el mensaje de Dios
   C. Él tiene que ________ en Dios para el crecimiento
      1. No debe estar desanimado por el fruto que no está producido
         a. Romanos 10:16-21 - El mensaje predicado no garantiza que será recibido por el oyente
         b. Marcos 4:4-7, 15-19 - El fruto producido depende en el corazón de aquellos que lo reciben
      2. Debe glorificar a Dios por el fruto que Él produce
         a. Mateo 9:35-38 - Dios es el Señor de la mies
         b. Hechos 14:27 - Dios abre la puerta de la fe

II. Las expectativas de la ____________ del misionero (8)
  A. Ninguno que planta ni riega es _______ del otro
    *Juan 4:35-38
    *I Corintios 4:6
  B. Cada uno recibe su ___________ según su labor
    *No según el crecimiento
    *Mateo 16:24-28

III. Las expectativas del _______________ para el misionero (9)
  A. Colaborador con los ______ creyentes
    *III Juan 6:7-8
  B. Colaborador con _______
    *Mateo 28:18-20
    *II Corintios 6:1
    *II Timoteo 4:17

IV. Las expectativas del _____ del ministerio del misionero (9)
*Hechos 26:16-18 - Para ofrecer libertad del poder de Satanás y recibir la relación personal con Dios
  A. La gente es la ________ de Dios
  B. La gente es el ________ de Dios

Santiago 4:13-15

13 ¡Vamos ahora! los que decís:
Hoy y mañana iremos a tal ciudad,
y estaremos allá un año, y traficaremos, y ganaremos;
14 cuando no sabéis lo que será mañana.
Porque ¿qué es vuestra vida?
Ciertamente es neblina que se aparece por un poco de tiempo,
y luego se desvanece.
15 En lugar de lo cual deberíais decir:
Si el Señor quiere, viviremos y haremos esto o aquello.

EL ENVÍO DEL MISIONERO
HECHOS 13:1-4

La iglesia debe buscar y disfrutar de las oportunidades de enviar a sus miembros y a los de otras iglesias de la misma fe y práctica como misioneros alrededor del mundo.

I. El misionero es llamado del grupo de los _______ espirituales (1-2)
   A. El misionero debe estar _________ con los líderes de la iglesia
   B. El misionero debe estar _________ al ministerio de Dios
      *Por ayunar

II. El misionero es despedido por la ____ (sus líderes) que reconoce la dirección del Espíritu Santo (3)
   A. El misionero es enviado después que ______
   B. El misionero es enviado después que _____
   C. El misionero es enviado después que _______ sus manos sobre él
      *Un símbolo de dedicación y bendición (Hechos 14:23, Timoteo 4:14)
      *Cuando se quitan las manos, el misionero está echo libre para ser dirigido por el Espíritu Santo en su ministerio futuro
         **Desmidieron (Strong #630) - "*libertar completamente, i.e. (lit.) aliviar, soltar, dimitir*"

III. El misionero es enviado por el _________ ________ (2, 4)
   A. El misionero es _________ específicamente por el Espíritu Santo
      1. Él tiene que ser _________ por la iglesia y sus ministerios locales
         *Apartadme (Strong #873) - "*dejar fuera por límite, i.e. (fig.) límite, excluir, nombrar*"
      2. Él tiene que __________ a Dios para cumplir una obra específica
         *Llamado (Strong #4341) - "*llamar hacia uno mismo, i.e. citar, invitar:—convocar, exhortar, llamar*"
   B. El misionero es ______ con la bendición y en el poder del Espíritu Santo
      1. Él tiene que dirigido por el Espíritu Santo en su ministerio
         *Enviados (Strong #1599) - "*despachar:—enviar*"

IV. *El misionero tiene que ser enviado si el ________ va a recibir el Evangelio (Romanos 10:13-17)*

V. *El misionero es ______ por la iglesia para dar cuenta de como Dios le usaba (Hechos 14:26-28)*

Las Maneras de Enviar al Misionero

I. Los tipos de sostén

*El sostén incluye los fondos para vivir y ministrar en el país del ministerio

A. Apoyo _______ - Cuando el sostén esté proveído completamente por el apoyo de los creyentes y las iglesias que no son partes del ministerio

1. Los beneficios básicos
   a. El _______ completo en el ministerio
   b. Los ________ para las necesidades especiales (espirituales y físicas)
   c. Un ______________ establecido y los fondos para cumplirlo
   d. ____

   ____

2. Los detrimentos básicos
   a. El _____ en levantar el apoyo antes que llegue al campo y los fondos pueden disminuir durante el tiempo en el campo, por lo cual el remplazo no pueda ser proveído
   b. La necesidad de tomar _______ para visitar y dar cuenta a los apoyadores
   c. Los ___________ de los apoyadores y las comunicaciones frecuentes
   d. ____

   ____

B. Hacedor de _____ - Cuando el sostén esté proveído completamente por el labor del misionero en el trabajo secular o del ministerio en el país

1. Los beneficios básicos
   a. El ________ diario con la gente
   b. No hay la necesidad de _______ del campo para visitar a los apoyadores
   c. El ______ está establecido por las normas de la economía y la gente del país
   d. ____

   ____

2. Los detrimentos básicos
   a. El ________ está dividido en el trabajo y el ministerio (hay menos tiempo para la familia)
   b. Es difícil de __________ el trabajo como extranjero, y si el trabajo termina, los recursos son limitados para encontrar otro
   c. La falta de los _________ extra necesarios para realizar el ministerio
   d. ____
   ____

C. Apoyo ______ y Hacedor de _____ - Cuando el sostén esté proveído por una mezcla (no importa el porciento) del Apoyo Completo y de ser Hacedor de Tiendas
Pablo - Hechos 18:1-3, I Corintios 9:6-18, II Corintios 11:8-9, Filipenses 4:14-20
1. Los beneficios básicos
   a. Tiene algunos ____________ para las necesidades especiales (espiritual y física)
   b. Se puede ________ más cuando haya más necesidades
   c. Tiene algunos _________ con la gente
   d. ____
   ____
2. Los detrimentos básicos
   a. Los __________ de los dos jefes: los apoyadores y el trabajo
   b. El _________ está dividido entre el ministerio y el trabajo
   c. Todavía tiene que ________ para dar cuenta a los apoyadores
   d. ____
   ____

II. Los tipos de ministrar
A. __________ - Cuando el misionero no sea casado ni tenga familia
**Pablo - I Corintios 9:5*
1. Los beneficios básicos
   a. Menos ________ necesarios
   b. Más ___________ y tiempo en el ministerio
   c. Menos _______________ por la seguridad de la familia

2. Los detrimentos básicos
    a. Las dificultades de ________ el apoyo
    b. Limitaciones con quien se puede ___________ y menos protecciones espirituales y físicas
    c. La _________
    d. ____
    ____

B. ____ - Cuando el misionero (y su familia) trabaje en un ministerio sin la ayuda de otros ministros (misioneros, pastores, etc.)
Pablo - Hechos 17:16-34, II Timoteo 4:16-18
1. Los beneficios básicos
    a. Menos _________ en el liderazgo e interpersonales
    b. Menos ___________ sociales y familiares
    c. La ________ de organizar su propio horario
    d. ____
    ____
2. Los detrimentos básicos
    a. La falta de buen __________, consuelo, compañerismo, y protección
    b. La falta de ______ física con la propiedad, etc.
    c. La falta de ______ en el evangelismo y discipulado
    d. ____
    ____

C. _______ - Cuando dos misioneros o más (y sus familias) trabajen en el mismo ministerio para ayudar en todos o partes de los aspectos de la obra
Pablo - Hechos 13:1-5, 15:40-41
1. Los beneficios básicos
    a. El __________ y la ayuda en encargar la carga del ministerio
    b. La _____, la protección, y el consuelo cristiano para la familia
    c. __________ para el ministerio cuando tenga que visitar a los apoyadores
    d. ____
    ____
2. Los detrimentos básicos
    a. Los ___________ interpersonales
    b. Los __________ ministeriales (doctrina, filosofía, práctica)

c. La posibilidad de pasar más ______ con el equipo que con los nacionales
d. ____
____

III. Los tipos de enviar
*Bíblicamente la iglesia es siempre quien encomendaba (envía) cada misionero a la gracia de Dios para hacer el ministerio (Hechos 13:1-3, 26)

A. La iglesia sola _____ una agencia
Pablo - Hechos 13:1-3, 14:16-28

1. Los beneficios básicos
   a. Menos ________________ y tiempo en dar cuenta
   b. Más __________ con y responsabilidad al pastor y su iglesia principal
   c. Elimina el _______ de sostener una oficina, ministerio, y labradores de la agencia
   d. ____
   ____
2. Los detrimentos básicos
   a. La iglesia tiene que ________ y ayudar al misionero en todas las necesidades legales (documentos, VISA, etc.)
   b. La iglesia tiene que _______ recursos para seguro médico y circunstancias de emergencia
   c. Hay ______ que no aceptan que cualquier negocio/ministerio envíe misioneros a su país
   d. ____
   ____

B. La iglesia ______ con una agencia misionera
Tito - II Corintios 8:16-24

1. Los beneficios básicos
   a. La iglesia puede recibir las ________________ de nuevos misioneros y contar con la experiencia de la agencia mientras el misionero esté en el campo (consejo, médica, legal, etc.).
   b. La iglesia no tiene que ____________ por los detalles de las finanzas (impuestos, cambio de moneda, etc.)

c. El misionero tiene la ____________ de labradores que son dedicados a su ministerio y necesidades con la experiencia de ayudar y dar consejo para sus circunstancias únicas

d. ____

____

2. Los detrimentos básicos

a. La iglesia puede ______ que la agencia es el remitente y dejar de cumplir sus responsabilidades

b. La agencia puede ______ a tomar más autoridad que la iglesia

c. La agencia puede _________ más fondos para mantenerse

d. ____

____

IV. Los tipos de misioneros

A. El misionero ____________

*El misionero extranjero es uno que ministre en un país, cultura, idioma, etc., que no es su propio

1. Los beneficios básicos

a. Él tiene los _______ físicos y espirituales más anchos por sus conexiones en su país

b. Él tiene una ________ de las necesidades de la gente sin estar acostumbrado a los pecados incluidos en la cultura

c. Él tiene la ________ de mudarse a otro sitio para empezar un nuevo ministerio cuando el primero sea realizado

d. ____

____

2. Los detrimentos básicos

a. Él puede ________ el evangelio con los mejores de la cultura y política

b. Él puede ______ el testimonio de Dios sin saberlo por los fracasos con el idioma y la cultura

c. Él necesita mucho ________ y fondos para establecerse y su ministerio

d. ____

____

B. El misionero ___________ (sembrador de la iglesia)
*El misionero nacional es un ministro que ministre en su propio país, cultura, idioma, etc., pero recibe apoyo de las otras iglesias

1. Los beneficios básicos
    a. Él puede ____________ y su ministerio en menos tiempo y fondos
    b. Él sabe la ________ y el idioma y toma menos tiempo para acostumbrarse
    c. Él no tiene que sufrir la ________ de estar lejos de su familia y amistades
    d. ____
    ____

2. Los detrimentos básicos
    *(si ellos son de otro país)
    a. Él tiene menos ____________ de dar cuenta a sus apoyadores
    b. Él puede estar __________ por su propia gente por recibir el apoyo de afuera
    c. Él puede crecer _____________ a los fondos de afuera y no madurar el ministerio a la independencia
    d. ____
    ____

El Labor Personal y Apoyo Misionero de Pablo

I. Hechos 18:1-3
*Pablo era un fabricante de tiendas y utilizó su trabajo para evangelizar

II. Hechos 20:33-36 (labor personal)
   A. El tiempo declarado
      1. Mientras que estaba en su *tercer viaje* misionero (en camino a Jerusalén)
   B. El lugar de la labor
      1. *Efeso*
   C. El tiempo de la labor
      1. Hechos 18:19-21- (?) Su segundo viaje misionero y *primera visita* con ellos cuando Aquila & Priscila estaban con él
         *Eran todos hacedores de tiendas
      2. Hechos 18:24-20:2 - (?) Su tercer viaje misionero cuando pasaba *muchos años* con ellos
         *I Corintios 4:11-12 - Muy probablemente esta visita es el uno en referencia, porque dijo que estaba ministrando a ellos "***por tres años***"
   D. La razón de la labor
      1. "***33 Ni <u>plata</u> ni <u>oro</u> ni <u>vestido</u> de nadie he codiciado.***"
      2. "***34 ... Para lo que me ha sido <u>necesario</u> a mí y a los que están conmigo***"
      3. "***35 En todo os he <u>enseñado</u> que, trabajando así, ...***"
   E. La manera de la labor
      1. Con sus *propias manos*
   F. La instrucción sobre la labor
      1. "***35 ... Se debe <u>ayudar</u> a los necesitados***"
      2. "***35 ... Más <u>bienaventurado</u> es dar que recibir.***"

III. I Corintios 4:11-12 (labor personal)
   A. El tiempo de escribir
      1. Mientras que estaba en su *tercer viaje* misionero (en camino para visitarlos)

B. El lugar de la labor
   1. *Corinto*
C. El tiempo de la labor
   1. En el *presente*

IV. I Corintios 9:6 (6-18) (personal labor)
A. El tiempo de escribir
   1. Mientras que estaba en su *tercer viaje* misionero (en camino para visitarlos)
      *Como parte de su defensa de su ministerio
      *Hechos 18:1-3 - Pablo trabajaba como hacedor de las tiendas
B. El lugar de la labor
   1. *Corinto*
C. El tiempo de la labor
   1. Una referencia de cuando él estaba ministrando a ellos en su *segundo viaje* misionero
D. La razón por la labor
   1. "***12 ... Por no poner ningún <u>obstáculo</u> al evangelio de Cristo.***"
E. La manera de la labor
   1. Con sus *propias manos*
F. La instrucción sobre la justicia de sostener al ministro del Evangelio
   1. El ministro de Dios merece *sostén* para su servicio en el ministerio

V. II Corintios 11:8-9 (apoyo recibido)
A. El tiempo de escribir
   1. Mientras que estaba en su *tercer viaje* misionero (en camino para visitarlos)
B. El lugar del apoyo
   1. *Corinto*
C. El tiempo del apoyo
   1. Su tiempo con ellos en su *segundo viaje* misionero
D. La fuente del apoyo
   *Hechos 18:1-3 - Pablo trabajaba como hacedor de las tiendas
   1. *Otras iglesias*
   2. Los *creyentes* en Macedonia

E. La instrucción sobre el apoyo
   1. "***8 ... He despojado a otras iglesias, recibiendo salario para serviros a vosotros.***"
   2. "***9 ... A ninguno fui carga, pues lo que me faltaba, lo suplieron los hermanos que vinieron de Macedonia, y en todo me guardé y me guardaré de seros gravoso.***"

VI. Filipenses 4:14-20 (apoyo recibido)
   A. El tiempo de escribir
      1. Cuando estaba en *Roma* (en el fin de su ministerio)
   B. El lugar del apoyo
      1. *Tesalónica*
      2. *Otros lugares*
   C. El tiempo del apoyo
      1. (?) Durante su *segundo viaje* misionero
         a. Su ministerio después que estaba en Macedonia y mientras que estaba en Tesalónica
            *No hay ninguna visita a Tesalónica mencionada en su tercer viaje misionero
      2. Durante su situación al *presente* en Roma
   D. La manera del apoyo
      1. Los creyentes de *Filipos* le enviaron el apoyo a él
   E. La frecuencia del apoyo
      1. "***16 ... una y otra vez***"
   F. La instrucción sobre el apoyo
      1. Dios lo *recibe* como un sacrificio agradable
      2. Dios *suplirá* sus necesidades

VII. I Tesalonicenses 2:9 (labor personal)
   A. El tiempo de escribir
      1. Mientras que estaba en su *segundo viaje* misionero ministrando en Corinto después que visitó a Tesalónica
   B. El lugar del labor
      1. *Tesalónica*
   C. El tiempo de la labor
      1. Su *segunda visita* al pueblo para ministrar a los creyentes

D. La razón por la labor
   1. "***9 ... Para no ser gravosos a ninguno de vosotros,***"
E. La manera del labor
   1. *Día* y *noche*

VIII. II Tesalonicenses 3:8-10 (labor personal)
   A. El tiempo de escribir
      1. Mientras que estaba en su *segundo viaje* misionero ministrando en Corinto después que visitó a Tesalónica
   B. El lugar de la labor
      1. *Tesalónica*
   C. El tiempo de la labor
      1. Su *segunda visita* al pueblo para ministrar a los creyentes
   D. La razón por la labor
      1. "***8 ... Para no ser gravosos a ninguno de vosotros;***"
      2. "***9 ... Por daros nosotros mismos un ejemplo para que nos imitaseis.***"
   E. La manera del labor
      1. *Día* y *noche*

IX. Hebreos 10:34
   A. El tiempo de escribir
      1. No hay una fecha fija
   B. El lugar del apoyo
      1. No hay lugar mencionado
   C. El tiempo del apoyo
      1. Durante un tiempo de encarcelación
   D. La manera del apoyo
      1. Los creyentes le enviaron el apoyo por compasión
      2. Los creyentes le inviaron el apoyo con gozo
      3. Los creyentes sabían que su apoyo terrenal fue una inversión eterna
   E. La instrucción sobre el apoyo
      1. Debemos tener *compasión* para los demás
      2. Debemos dar con *gozo*
      3. Debemos esperar por una *herencia* en los cielos por nuestro sacrificio terrenal

El Apoyo de las Misiones
en el Nuevo Testamento

La iglesia debe asumir la responsabilidad de proveer para su misionero y su ministerio.

Filipenses 4:14-16
14 Sin embargo,
bien hicisteis en participar conmigo en mi tribulación.
15 Y sabéis también vosotros, oh filipenses,
que al principio de la predicación del evangelio,
cuando partí de Macedonia,
ninguna iglesia participó conmigo en razón de dar y recibir,
sino vosotros solos;
16 pues aun a Tesalónica me enviasteis una y otra vez
para mis necesidades.

I. El apoyo __________
  A. Los ___________ del apoyo financiero
    1. Los otros ______ sufridos en una iglesia de la misma fe y práctica - Hechos 11:27-30, 12:25, Romanos 15:25-26, I Corintios 16:1-3, II Corintios 8-9
    2. El _________ específico - Filipenses 4:15-16, Hebreos 10:34
  B. La _______ de recoger el apoyo financiero
    1. De diferentes _______
      a. Antioquía - Hechos 11:27-30
      b. Macedonia y Acaya - Romanos 15:25-26, II Corintios 8:1-5
      c. Galacia - I Corintios 16:1
      d. Corinto - II Corintios 9:1-15
      e. Filipos - Filipenses 4:15-16
    2. Por _______
      a. Cada persona _______ (Hechos 11:29)
      b. Cada persona según su ________ (Hechos 11:29, II Corintios 8:12)

c. En el primer __ de la semana para guardar en anticipación (I Corintios 16:2, II Corintios 9:5)
Con anticipación y un presupuesto
d. Según como está ___________ (I Corintios 16:2)
e. Con _____ (II Corintios 8:2, 9:7, Hebreos 10:34)
f. Con ___________ (II Corintios 8:2, 9:7)
g. Aun en ________ (II Corintios 8:2-3)
"Conforme a sus fuerzas, y aun más allá de sus fuerzas"
h. Primeramente dando a __ mismo (II Corintios 8:5)
i. Con el _____________ de la recompensa de sembrar y segar (II Corintios 9:6)
j. Según lo que cada persona ___________ en su corazón (II Corintios 9:7)

C. El ____________ del apoyo financiero
1. Llevado por ...
a. ____________ de la iglesia
(1) Bernabé y Saúl - Hechos 11:30
(2) Epafrodito - Filipenses 4:15-18
b. Personas ___________ por las iglesias y el misionero
**Puede incluir las agencias con personas probadas*
(1) Pablo, Tito, y otros hombres aprobados por las iglesias (I Corintios 16:3, II Corintios 8:16-22)
2. Llevado con toda ___________ (II Corintios 8:19-22)
a. Honestidad delante de _____
b. Honestidad delante de los ___________

D. La ____________/_____ del apoyo financiero
1. Fue distribuido por el _______ espiritual de la iglesia recibiendo el apoyo financiero (Hechos 11:30)
*Hechos 4:35
2. Fue distribuido por el ___________ (II Corintios 8:20)
3. Fue usado para las ______________ personales/ministeriales del misionero (Filipenses 4:16)

E. Las _________ sobre el apoyo financiero
1. Es compañerismo en el __________ (II Corintios 8:4)
2. Es evidencia del ______ (II Corintios 8:8, 24, Hebreos 10:34)
3. Es según el _________ de Jesucristo (II Corintios 8:9)
4. Es para producir ______, no para dañar al dador (II Corintios 8:13-15)

5. Es un ________ a los demás (II Corintios 9:2-4)
6. Es ________ por Dios porque provee las necesidades (II Corintios 9:8-10, Filipenses 4:19)
7. Es más de un suministro de las necesidades físicas de los hombres porque produce ________ de gracias espiritual a Dios (II Corintios 9:11-15)
8. Es un catalizador para animar a los receptores a ___ por el dador (II Corintios 9:14)
9. Es una manera de producir más ______ espiritual (Filipenses 4:17, Hebreos 10:34)
10. Es un _________ de olor fragante, acepto, y agradable a Dios (Filipenses 4:18)

II. El apoyo de ________
   A. La labor de ________ por el misionero
      1. Orar es ______ por distancia (Romanos 15:30)
      2. Orar es ______________ por distancia (II Corintios 1:11)
   B. Las ___________ por el misionero
      Las peticiones de Pablo y su ministerio
      1. __________ 15:30-33
         a. Para que sea librado de los rebeldes
         b. Para que la ofrenda de mi servicio a los santos en Jerusalén sea acepta
         c. Para que con gozo llegue a vosotros por la voluntad de Dios, y que sea recreado juntamente con vosotros
      2. __________ 6:18-20 - "***Y por mí!***"
         a. Para que al abrir mi boca
         b. Para que me sea dada palabra
         c. Para dar a conocer con denuedo el misterio del evangelio *"***Como debo hablar***"
      3. ____________ 4:2-4
         a. Para que el Señor nos abra la puerta para la palabra
         b. Para que el fin sea de dar a conocer el misterio de Cristo
            (1) Por el cual también estoy preso
            (2) Para que lo manifieste como debo hablar
      4. I ______________ 5:24-25 - (Orar en general)

5. II ____________ 3:1-2 (1-7)
    a. Para que la palabra del Señor corra y sea glorificada
    *"***Así como lo fue entre vosotros,***"
    b. Para que seamos librados de hombres perversos y malos
    *"***Porque no es de todos la fe.***"
6. _________ 13:18-19
    *"***Orad por nosotros; pues confiamos en que tenemos buena conciencia, deseando conducirnos bien en todo.***"
    a. Para que yo os sea restituido más pronto

C. Los ___________ de oración por el misionero
    1. Provee _______ de tribulación (II Corintios 1:8-11)
    2. Produce acción de _____ por aquéllos que reciben el ministerio (II Corintios 1:11)
    3. Provee ______________ (Filemón 1:22)

III. El apoyo por ______________
    A. Comunicación sobre su __ y ___ (Efesios 1:15-16, Colosenses 1:3-4, Filemón 1:4-5, I Tesalonicenses 3:6-8)
    III Juan 1:3-4 - "*Que anda en la verdad***"*
    B. Comunicación sobre su ________ (Filipenses 2:19)
    C. Comunicación sobre su _________ por él (Filipenses 4:10)
    D. Comunicación sobre su _________ de él (I Tesalonicenses 3:6-7)

IV. El apoyo por _______ las necesidades (II Timoteo 4:12)
    A. El ______ - La necesidad de la ropa y las provisiones físicas
    B. Los ______ y los ____________ - La necesidad de los materiales del ministerio

Las Ofrendas para Misiones
Las Ofrendas por la Fe
Las Ofrendas por la Gracia
II Corintios 8-9

I. El _________ de la ofrenda misionara (8:1-5)
   A. El apoyo por la ________ de Dios (1)
   B. El apoyo mientras gran __________ (2a)
   C. El apoyo por ______ y ________ (2b)
   D. El apoyo de ____________ (2c-5)
      1. Dar según sus fuerzas
      2. Dar aun más de sus fuerzas
      3. Dar de sí mismo
         a. A Dios
         b. A los otros (por la voluntad de Dios)
      4. Dar por muchos ruegos por la oportunidad
   E. El apoyo para tener ____________ en el ministerio (con los santos) (5)

II. La ____________ por la ofrenda misionera (8:6)
   *El ministerio de Tito para proveer la oportunidad (16-23)
   A. El mensajero __________
   B. El ministerio __________ (esperando para realizarlo)
   C. El ministerio por ________

III. La _____________ de realizar la ofrenda misionera (8:7-11, 24)

7 Por tanto, como en todo abundáis,
en fe, en palabra, en ciencia, en toda solicitud,
y en vuestro amor para con nosotros,
abundad también en esta gracia.

   A. La admonición de abundar en la ________ (7)
      1. Como en __
      2. Como en ________
      3. Como en ________

4. Como en toda __________
5. Como en _______

B. La admonición de probar su _____________ (8, 10, 24)
*Ellos declararon su interés antes, y ahora tienen la oportunidad de realizar su deseo (1-4)
1. Era _____________, no mandato (8)
2. Era para ________ su amor (8, 24)
3. Era por la __________ de los otros (10)

C. La admonición por el ________ de la gracia de Jesucristo (9)
1. Él sacrificó Su ________ por nuestra pobreza
2. Su ________ nos hizo ricos

D. La admonición (consejo) de realizar lo que __________ (10-11, 24)
1. En el pasado empezó por el ______ (10)
2. En el presente puede realizarlo por la _________ (11)

IV. La _________ en recoger la ofrenda misionera

5 Y no como lo esperábamos,
sino que a sí mismos se dieron primeramente al Señor,
y luego a nosotros por la voluntad de Dios;

A. Cada uno ofrece según la _______ de Dios (8:1, 6-7, 9, 19, 9:8, 14)
B. Cada uno ofrece según su _______ (8:11a, 12a, 9:7)
C. Cada uno ofrece según lo que ______ (8:11b, 12b)

Hechos 11:27-30 (29)
29 Entonces los discípulos,
cada uno conforme a lo que tenía,
determinaron enviar socorro a los hermanos
que habitaban en Judea;

*La ofrenda estaba recogida antes de que Pablo llegara para que no fuera presión (9:3-5)
*Un grupo de creyentes fieles recogieron y llevaron la ofrenda a los en necesidad (8:16-24)

V. La ______ por la ofrenda misionera (8:13-15)
   A. No es para echar una ______ a uno y librar al otro
   B. Es para hacer _________
      *Los dos sacrifican sus riquezas (físicas/espirituales) para suplir la necesidad del otro

Romanos 15:25-26

25 Mas ahora voy a Jerusalén para ministrar a los santos.
26 Porque Macedonia y Acaya tuvieron a bien hacer una ofrenda
para los pobres que hay entre los santos que están en Jerusalén.

VI. Las ____________ en la ofrenda (9:6-14)
   A. Cada uno ______ según lo que siembra (6)
   B. La ______ de Dios es suficiente (7-10)
      1. Para suplir sus necesidades
      2. Para hacerse abondar en buenas obras
   C. El servicio _________ acción de gracias a Dios (11-13)
   D. El servicio ________ por las necesidades de los demás (12a)
   E. El servicio ________ la dedicación al Evangelio (13)
   F. El servicio _____ a los receptores a orar por la gracia de Dios en la vida del dador (14)

15 ¡Gracias a Dios por su don inefable!

Filipenses 4:15-20

15 Y sabéis también vosotros, oh filipenses,
que al principio de la predicación del evangelio,
cuando partí de Macedonia,
ninguna iglesia participó conmigo en razón de dar y recibir,
sino vosotros solos;
16 pues aun a Tesalónica me enviasteis una y otra vez
para mis necesidades.
17 No es que busque dádivas,
sino que busco fruto que abunde en vuestra cuenta.
18 Pero todo lo he recibido, y tengo abundancia; estoy lleno,
habiendo recibido de Epafrodito lo que enviasteis;
olor fragante, sacrificio acepto, agradable a Dios.

19 Mi Dios, pues, suplirá todo lo que os falta
conforme a sus riquezas en gloria en Cristo Jesús.
20 Al Dios y Padre nuestro sea gloria por los siglos de los siglos.
Amén.

Como Hacer las Ofrendas por la Fe
Las Ofrendas por la Gracia
II Corintios 8-9

I. Los propósitos
   A. Proveer a cada ______ una oportunidad para participar en el ministerio de cumplir la Gran Comisión de evangelizar al mundo
   B. Proveer a la _______ la organización necesaria para sostener a los misioneros adecuadamente y fielmente para que ellos puedan cumplir la Gran Comisión de parte de ella

II. La organización
   A. ____ una conferencia misionera en que la necesidad y las oportunidades de participar en realizar la Gran Comisión son comunicadas a los miembros de la iglesia (8:1-9)
   B. ________ a cada creyente a buscar la voluntad de Dios por como ellos pueden participar en realizar la Gran Comisión (8:7-9, 11-12)
   C. _______ una manera en que cada creyente puede comunicar su deseo de participar en realizar la Gran Comisión (8:6, 15-24)
   (Se puede usar una tarjeta de declaración)
   D. __________ un presupuesto mensual (para el año que viene) según las expectativas comunicadas del deseo de los miembros en realizar la Gran Comisión (9:3-5)
   *Por el presupuesto la iglesia puede reafirmar los compromisos con los misioneros ya incluidos en el Ministerio de Misiones, añadir a nuevos misioneros y mantener la organización y fidelidad en el año nuevo
   E. _______ a cada creyente que sea fiel en cumplir su deseo declarado de participar en realizar la Gran Comisión (8:10-15, 9:1-5)

Las Ofrendas por la Fe (Gracia)
Yo deseo **ofrecer $________ por mes** para el ministerio de misiones, según la provisión de Dios. ❑ Niño ❑ Joven ❑ Adulto *Yo entiendo que esta tarjeta es por un año* *y que es un acuerdo con Dios y no una promesa a la iglesia.*
II Corintios 9:7 ***Cada uno dé como propuso en su corazón:*** ***no con tristeza, ni por necesidad, porque Dios ama al dador alegre.***

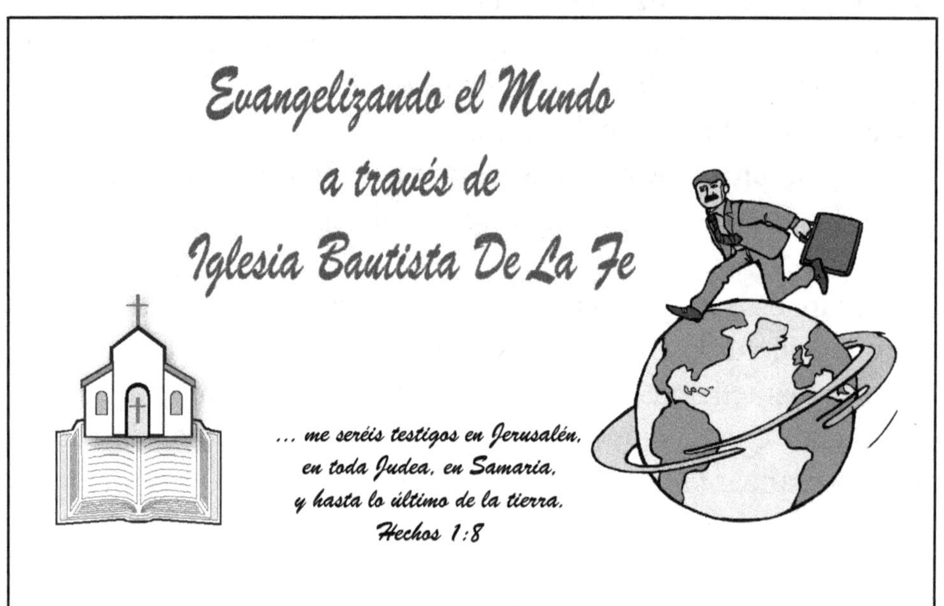

LAS CARGAS DEL MINISTERIO MISIONERO
II CORINTIOS 11:23-33

La iglesia debe comprender las cargas del misionero y ser compasiva con él en los tiempos difíciles.

Hechos 15:26
26 hombres que han expuesto su vida por el nombre de nuestro Señor Jesucristo.

II Corintios 1:8-11
8 ... fuimos abrumados sobremanera más allá de nuestras fuerzas, de tal modo que aun perdimos la esperanza de conservar la vida ...

II Corintios 7:5-7
5 ... ningún reposo tuvo nuestro cuerpo,
sino que en todo fuimos atribulados;
de fuera, conflictos;
de dentro, temores.
6 Pero Dios, ...

II Corintios 11:28
28 y además de otras cosas, lo que sobre mí se agolpa cada día, la preocupación por todas las iglesias.

I. Las cargas ______
   A. Los _______ (23-25a)
      1. I Corintios 15:32 - El conflicto con el León
   B. Los _______ (25b-26a)
   C. Los peligros de _________ (26b)
   D. Las __________ físicas (27)
      1. II Corintios 12:7-10 - Orar y depender en la gracia de Dios

Filipenses 1:29-30
29 Porque a vosotros os es concedido a causa de Cristo, no sólo que creáis en él, sino también que padezcáis por él, 30 teniendo el mismo conflicto que habéis visto en mí, y ahora oís que hay en mí.

II. Las cargas ____________

I Corintios 16:9
9 porque se me ha abierto puerta grande y eficaz, y muchos son los adversarios.

A. El _______ de la Iglesia (28)
*I Corintios 4:9-13 - El sacrificio personal para el beneficio espiritual de los demás
*I Tesalonicenses 2:1-13 - La cuida parental
1. La _________ del ministerio - I Corintios 15:2, Gálatas 2:2, 4:11, Filipenses 2:16, I Tesalonicenses 2:1, 3:5
2. El ________ del amor personal en el ministerio - II Corintios 12:15
3. La ___________ del ministerio - Hechos 20:28-32
    a. La devastación de afuera
        (1) Las doctrinas falsas y los maestros en los ministerios - I Timoteo 6:3
    b. La división de adentro
        (1) La deserción de los líderes - II Timoteo 1:15, 4:10, 16
        (2) Los conflictos y comparaciones personales - I Corintios 3:3-9
        (3) Los ataques contra la autoridad justa - II Corintios 9:1-6, 11-12:12
        *Números 12:1-15 - Los ataques contra el liderazgo de Moisés empezaron por los ataques contra su esposa
4. La _________ y falta de madurez en el ministerio - I Corintios 3:1-2, Hebreos 5:12-14

Algunas Cargas de Pablo para el Ministerios a través de Hechos

- La deserción de colaboradores en el ministerio - Hechos 13:13
- El rechazamiento y abuso por el mensaje del ministerio - Hechos 13:14-45, 14:5, 19
- El desacuerdo con el propósito práctico del ministerio - Hechos 15:36-41
- El deseo de ministrar nunca realizado - Hechos 16:6-7
  *Romanos 1:11-13
- El cambio los planes del ministerio para ministrar al alguien especifico - Hechos 16:8-9
- Conflicto con el gobierno por acusaciones falsas contra el ministerio - Hechos 16:19-24, 21:28-39
- La soledad en el ministerio (como la única luz en las tinieblas) - Hechos 17:15-34
- Las horas largas en el ministerio - Hechos 20:6-12
- La necesidad de ir a lugares y situaciones peligrosos para cumplir el ministerio - Hechos 20:22-24, 21:11-14
- Tristeza de dejar a los amados en el ministerio - Hechos 20:25, 36-38
- Preocupación para los ataques contra el ministerio en la ausencia - Hechos 20:26-32
- Los viajes largos y peligrosos para extender el ministerio - Hechos 27:8-27:11

Las Veces que Pablo Menciona las Dificultades del Ministerio

- Romanos 3:7-8
- I Corintios 4:9-13, 15:32, 16:9
- II Corintios 2:4, 4:7-12, 6:1-10, 7:5-7, 11:23-33, 12:7-10
- Gálatas 4:11-14, 5:11, 6:17
- Efesios 3:13, 6:18-20
- Filipenses 1:12-14, 19, 29-30
- Colosenses 1:25, 4:18
- I Tesalonicenses 2:2, 14-16, 3:3-8
- II Tesalonicenses 3:1-2
- I Timoteo 4:10
- II Timoteo 1:8, 12, 15, 2:9-13, 3:10-12, 4:14-18
- Tito ~~~
- Filemón 1:13, 22
- Hebreos ~~~

Las Dificultades en Diputación y Furlough

Lucas 9:57-58
57 Yendo ellos, uno le dijo en el camino:
Señor, te seguiré adondequiera que vayas.
58 Y le dijo Jesús:
Las zorras tienen guaridas, y las aves de los cielos nidos;
mas el Hijo del Hombre no tiene dónde recostar la cabeza.

II Corintios 11:26-27
26 en caminos muchas veces;
en peligros de ríos,
peligros de ladrones,
peligros de los de mi nación,
peligros de los gentiles,
peligros en la ciudad,
peligros en el desierto,
peligros en el mar,
peligros entre falsos hermanos;

I. Hacer los __________ y las citas en las iglesias
   A. Encontrar las iglesias y los pastores fieles en la fe
   B. Encontrar las iglesias y los pastores que pueden recibir y apoyar a los misioneros
   C. Hacer contacto con los pastores por cartas y llamadas

II. Organizar los ___________ y la presentación del ministerio
   A. Hacer cartas y los paquetes de introducción (cartas, tarjeta de oración, etc.)
   B. Producir una presentación visual del ministerio futuro
   C. Organizar una presentación física (para una mesa)

III. Tener su ____, familia, y ministerio investigados y evaluados en cada iglesia que se encuentra
   A. Los ministerios ofrecidos
   B. La conducta de cada miembro

   C. La cantidad de comida que comen
   D. El tipo de carro, ropa, zapatos, etc.
   E. Las conversaciones

IV. Viajar largas __________ a sitios no conocidos para realizar cada cita
   A. Un vehículo confiable (incluyendo el mantenimiento)
   B. El tiempo usado en camino
   C. El dinero para gasolina, comidas, vivienda, etc.
   D. Las dificultades con las direcciones, la construcción, el clima, etc.
   E. La dificultad de encontrar tiendas necesarias para las compras

V. Mantener su ________ en buens salud y ánimo mientras que no tiene ningún horario, casa, ni seguridad
   A. Ningún tiempo privado como familia para las diversiones y relajarse
   B. Falta de descanso correcto por estar en diferentes lugares y camas
   C. La falta de comida saludable y consistente
   D. La interacción frecuente con diferentes personas en diferentes lugares con diferentes enfermedades
   E. El tiempo pasado en el vehículo sin la oportunidad de usar la energía (los niños) y que causa los dolores del cuerpo (los adultos)
   F. La inhabilidad de tener amistades y la necesidad de decir "adiós" frecuentemente a aquellos que conocen
   G. El agotamiento de hablar sobre sí y contestar las mismas preguntas constantemente

VI. Esperar por el _____ necesario para realizar sus planes en el ministerio futuro
   A. La labor y el agotamiento sin promesa de apoyo
   B. La esperanza destruida cuando meses pasen sin apoyo comprometido
   C. La carga de saber que hay un ministerio para hacer, pero no tener la habilidad de empezar

VII. Prepararse por la ________
   A. La organización de las cosas y los documentos necesarios
   B. La eliminación de las cosas personales por causa de falta de espacio
   C. El empacamiento y enviar de todos los deberes
   D. La preparación de las cosas en el campo
   E. Los saludos de los amados

VIII. Sentir los _________ de choque cultural en reversa (furlough)
  A. La cantidad de gente hablando su idioma
  B. La cantidad de opciones en las tiendas
  C. Las costumbres diferentes
  D. Las leyes y maneras de guiar/manejar
  E. La necesidad de estar enfrente de todas las iglesias
  F. La inseguridad de no saber las nuevas costumbres y noticias

LAS DIFICULTADES EN EL CAMPO MISIONERO

I Corintios 9:19-23

19 Por lo cual, siendo libre de todos,
me he hecho siervo de todos para ganar a mayor número.
20 Me he hecho a los judíos como judío, para ganar a los judíos;
a los que están sujetos a la ley
(aunque yo no esté sujeto a la ley)
como sujeto a la ley,
para ganar a los que están sujetos a la ley;
21 a los que están sin ley, como si yo estuviera sin ley
(no estando yo sin ley de Dios, sino bajo la ley de Cristo),
para ganar a los que están sin ley.
22 Me he hecho débil a los débiles, para ganar a los débiles;
a todos me he hecho de todo,
para que de todos modos salve a algunos.
23 Y esto hago por causa del evangelio,
para hacerme copartícipe de él.

I. Los ________ - Cualquier comentario, ambos un cumplido o una crítica, que produce duda o preocupación para cumplir la voluntad de Dios (Pablo - Hechos 21:8-15, Números 13:25-39)
   A. El amor humano que no está preparado para sacrificar
   B. El consejo sobre las imposibilidades humanas
   C. Los ataques de aquellos contrarios

II. ________ - El proceso de dejar toda su familia, sus amistades, y las cosas familiares para vivir con fulanos, como extranjero en un nuevo país y una cultura confusa (Pablo - Hechos 20:17-38, Dos Segadores de Jesús - Lucas 9:59-62)
   A. Las últimas reuniones con la familia y los amigos
   B. El proceso de empacar las cosas necesarias y dejar a los demás
   C. Las lágrimas y emociones de los amados
   D. La llegada al país nuevo, solito

III. Las ________ Inmanentes - La presión de hacer las decisiones grandísimas sin mucha información, tiempo, ni consejo de otros (Abraham - Génesis 17:8, 23:1-20)
   A. La necesidad de escoger una casa, un carro, etc.
   B. La necesidad de comprar muebles, enseres, etc.
   C. La necesidad de buscar profesionales: mecánico, médico, etc.

IV. Las ______________ Lingüísticas - Cuando uno no pueda comunicar sus pensamientos ni sentimientos naturalmente o no pueda entender la comunicación natural del otro de sus pensamientos ni sentimientos sin distracción ninguna ni chance de falta de entendimiento (Moisés - Éxodo 3:1-4:16, Daniel - Daniel 1:1-21)
   A. Limitación para leer los rótulos, instrucciones, etc.
   B. Limitación de entender instrucción, conversación, etc. al oírla
   C. Limitación de compartir sus ideas y corazón a los demás
   D. Limitación de comunicar el Evangelio y consejo bíblico

V. Los ________ Alrededor - El sentido agudizado de la protección personal atribuible a un conocimiento de que haya personas o circunstancias numerosas alrededor que podrían causar daño personal o la pérdida de posesiones en cualquier momento (Sadrac, Mesac, Abed-nego - Daniel 1:1-21, 6:1-28, Pablo - II Corintios 1:8-11)
   A. El número y condición de la gente en las calles
   B. El nivel de la protección personal que los ciudadanos suministran para sí mismos
   C. La falta de protección proveída por la policía y el gobierno
   D. La experiencia de un acto criminal contra uno mismo y otra persona

VI. Las __________ del Pecado - El efecto espiritual y físico de las influencias constantes del pecado y las batallas espirituales (Lot - Génesis 19:1-29, Josué - Génesis 39:1-21)
   A. Los pecados públicos - Sensualidad, Alcohólico, etc.
   B. La cuida de aquellos sufriendo por los pecados
   C. La carga de aquellos que no quieren arrepentirse del pecado
   D. Las religiones falsas

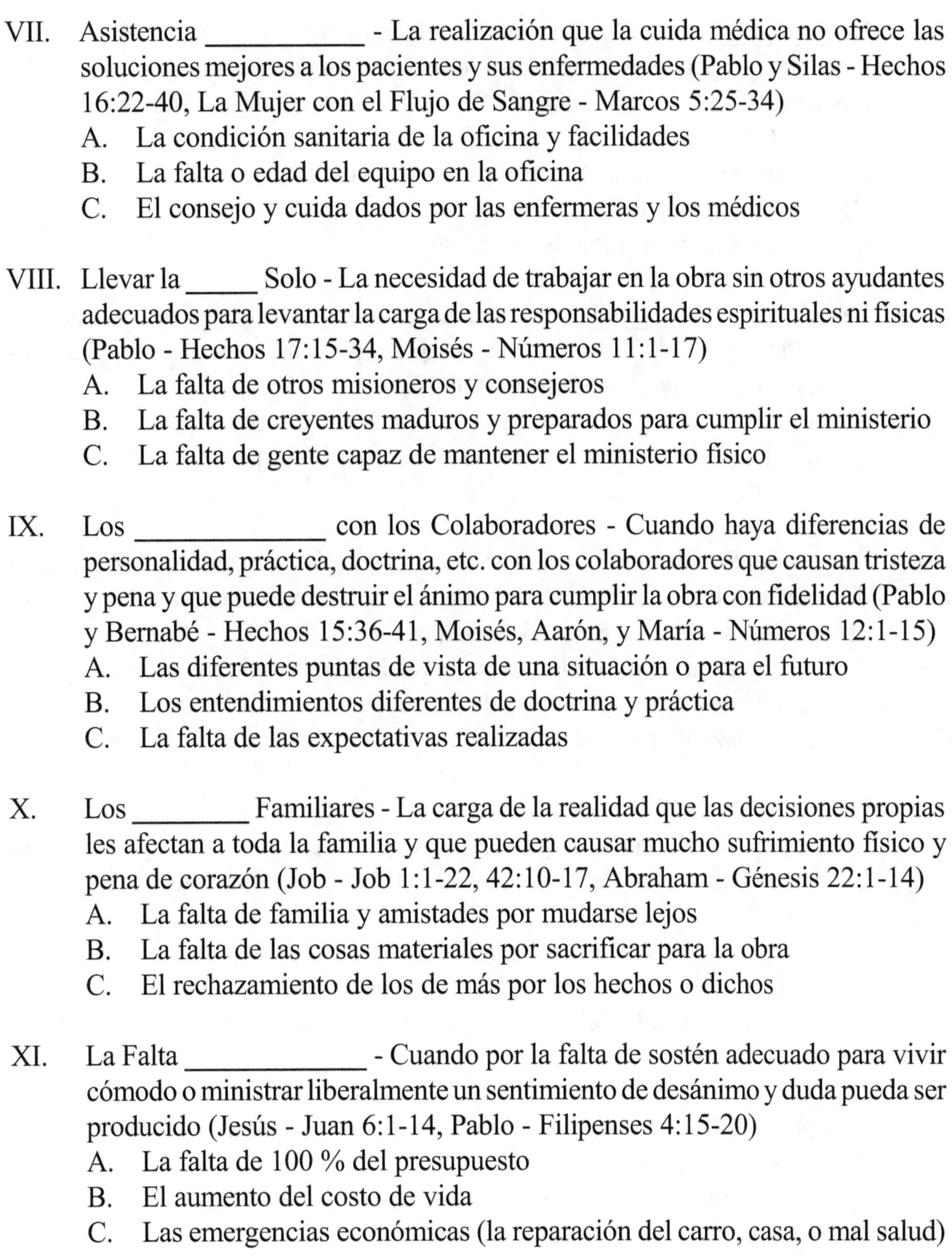

VII. Asistencia ___________ - La realización que la cuida médica no ofrece las soluciones mejores a los pacientes y sus enfermedades (Pablo y Silas - Hechos 16:22-40, La Mujer con el Flujo de Sangre - Marcos 5:25-34)
   A. La condición sanitaria de la oficina y facilidades
   B. La falta o edad del equipo en la oficina
   C. El consejo y cuida dados por las enfermeras y los médicos

VIII. Llevar la _____ Solo - La necesidad de trabajar en la obra sin otros ayudantes adecuados para levantar la carga de las responsabilidades espirituales ni físicas (Pablo - Hechos 17:15-34, Moisés - Números 11:1-17)
   A. La falta de otros misioneros y consejeros
   B. La falta de creyentes maduros y preparados para cumplir el ministerio
   C. La falta de gente capaz de mantener el ministerio físico

IX. Los _____________ con los Colaboradores - Cuando haya diferencias de personalidad, práctica, doctrina, etc. con los colaboradores que causan tristeza y pena y que puede destruir el ánimo para cumplir la obra con fidelidad (Pablo y Bernabé - Hechos 15:36-41, Moisés, Aarón, y María - Números 12:1-15)
   A. Las diferentes puntas de vista de una situación o para el futuro
   B. Los entendimientos diferentes de doctrina y práctica
   C. La falta de las expectativas realizadas

X. Los ________ Familiares - La carga de la realidad que las decisiones propias les afectan a toda la familia y que pueden causar mucho sufrimiento físico y pena de corazón (Job - Job 1:1-22, 42:10-17, Abraham - Génesis 22:1-14)
   A. La falta de familia y amistades por mudarse lejos
   B. La falta de las cosas materiales por sacrificar para la obra
   C. El rechazamiento de los de más por los hechos o dichos

XI. La Falta _____________ - Cuando por la falta de sostén adecuado para vivir cómodo o ministrar liberalmente un sentimiento de desánimo y duda pueda ser producido (Jesús - Juan 6:1-14, Pablo - Filipenses 4:15-20)
   A. La falta de 100 % del presupuesto
   B. El aumento del costo de vida
   C. Las emergencias económicas (la reparación del carro, casa, o mal salud)

XII. No ________ para los Cansados - El agotamiento de cuerpo y alma por no tener tiempo personal intermedio de realizar las necesidades normales y las emergencias de la vida (Elías - I Reyes 18:7-19:4, Jesús y Sus Discípulos - Marcos 6:30-34)

A. El trabajo físicamente y espiritualmente duro
B. El trabajo frecuente y consistente
C. El trabajo sin resultados inmediatos

XIII. La Falta de ________ - El sentimiento de confusión por falta de dirección en el próximo paso de vida o como cumplir las ideas presentadas (Gedeón - Jueces 6:1-7:25, Pablo - Hechos 16:6-13)

A. El deseo pero ningún idea en como mejoran al ministerio
B. El deseo de empezar un ministerio específico, pero la falta de como hacerlo

XIV. La ___ del Rechazamiento - La tristeza de corazón por causa de ser excluido de aquellos alrededor o por tener una relación terminada contra la voluntad propia (David - Salmo 55:1-23, II Samuel 15:1-17, 31)

A. El rechazamiento por la gente del pueblo por ser diferente
B. El rechazamiento por causa de instrucción o confrontación
C. El rechazamiento por causa de la influencia de maestros falsos

XV. La _______ del Labor - La sensación de que todo el trabajo y sacrificio para ayudar a una persona eran inútiles porque la persona no lo aplicaba para mejorar su vida (Jeremías - Jeremías 20:7-12, Pablo - I Tesalonicenses 2:1-12, 3:1-13)

A. La falta de la aplicación de la Palabra predicada
B. El cambio de a doctrina o práctica errónea a después de instrucción dada
C. El rechazamiento del amor después años de sacrificio para probarlo

XVI. La __________ - La preocupación de que las condiciones de alrededor son muy peligrosas y feas porque ellas son muy sucias (Jeremías - Jeremías 38:1-28, Jesús - Juan 13:1-17)

A. La suciedad de las calles y casas
B. La suciedad de los negocios y las oficinas
C. La suciedad y olor de la gente

XVII. ____ en una Multitud - El pensamiento y sentimiento que uno es solo porque él es diferente y no conoce la multitud alrededor (Sadrac, Mesac, y Abed-nego - Daniel 3:1-30, Pedro - Mateo 26:69-75)

A. Las filas largas y grupos grandes sin un rostro familiar
B. Estar en público con gente que hablen un idioma extraño
C. La sorpresa dada a uno cuando te ven por las características poco común

II Corintios 11:26-28

26 en caminos muchas veces;
en peligros de ríos,
peligros de ladrones,
peligros de los de mi nación,
peligros de los gentiles,
peligros en la ciudad,
peligros en el desierto,
peligros en el mar,
peligros entre falsos hermanos;
27 en trabajo y fatiga,
en muchos desvelos,
en hambre y sed,
en muchos ayunos,
en frío y en desnudez;
28 y además de otras cosas, lo que sobre mí se agolpa cada día,
la preocupación por todas las iglesias.

LOS VIAJES MISIONEROS

**La iglesia debe disfrutar
las oportunidades de enviar a sus miembros
para visitar al misionero
para conocer su ministerio mejor
y ayudar personalmente en la obra.**

Filipenses 2:25

***25 Mas tuve por necesario enviaros a Epafrodito,
mi hermano y colaborador y compañero de milicia,
vuestro mensajero, y ministrador de mis necesidades;***

I. El viaje por el ___________ espiritual de la iglesia (Hechos 8:14-17, 25)
   A. Los ____________ en el viaje (14)
      1. ________ espirituales (Pedro y Juan)
         *Ellos estaban enviados por los otros apóstoles en Jerusalén
   B. Los __________ del viaje (15-17, 25)
      1. Para ________ el ministerio
      2. Para ________ el ministerio
      3. Para ________ en el ministerio

II. El viaje por los __________ de la iglesia (Filipenses 2:25-30, 4:18)
   A. Los participantes tienen que _______ a ... (25)
      1. El __________ como
         a. ___________
         b. ______________
         c. ____________
      2. La ______ como
         a. ____________
            "4:18 ... habiendo recibido de Epafrodito lo que enviasteis; ..."
         b. ___________ (de parte de la iglesia)
            "2:30 ... exponiendo su vida para suplir lo que faltaba en vuestro servicio por mí."

B. Los participantes tienen que aceptar el __________ de estar lejos de sus amados (26)
C. Los participantes tienen que reconocer el __________ (26b-27, 30)
   1. La enfermedad (26a)
   2. La muerte (27a, 30)

   *Ellos tienen que depender en la protección de Dios
   "***4:27 ... pero Dios tuvo misericordia de él, y no solamente de él, sino también de mí, para que yo no tuviese tristeza sobre tristeza.***"
D. Los participantes tienen que regresar a su _________ principal (28)
E. Los participantes deben recibir _____________ por su buen trabajo (29)
   "***4:29 Recibidle, pues, en el Señor, con todo gozo, y tened en estima a los que son como él;***"

LOS PROPÓSITOS DEL VIAJE MISIONERO

I. _____________ a los incrédulos
   - A. Mateo 28:18-20
   - B. II Corintios 5:17-20

II. _________ a los creyentes
   - *El misionero
   - *Los creyentes del país
   - A. Hechos 15:36, 41
   - B. Filipenses 2:25-30, 4:15-19
   - C. II Timoteo 4:9-13
   - D. Tito 3:12

III. _____________ las necesidades personales
   - A. Crecimiento en el presente
     - I. Romanos 8:28-30
     - II. Romanos 12:1-2
   - B. Consideraciones por el futuro
     - I. Mateo 5:14-16
     - II. II Corintios 4:1-7

La Preparación para el Viaje Misionero

I. Los miembros del equipo
   A. La ______ del equipo
      1. La edad puede ser diferente por cada viaje
      2. La edad afecta la obra que puede realizar
      3. La edad determina cuantos líderes son necesarios
   B. Las ______________ del equipo
      1. De _________
         a. Espiritual
            (1) Asistir los cultos regularmente
            (2) Participar en el evangelismo y los ministerios
            (3) Practicar devociones personales
         b. Física
            (1) Suficiente seriedad por el viaje y el labor
            (2) Suficiente salud por el viaje y el labor
      2. De ___________
         *II Corintios 6:1-10
         a. En privado - delante los creyentes
         b. En público - delante los incrédulos
      3. De ________
         a. Siervo
         b. Animado
         c. Diligente
         d. Flexible
         e. Experimentado
      4. De __________ verdadera
         a. Por el interés sincero
         b. Por el tiempo disponible
         c. Por los fondos necesarios
      5. De la _________ de Dios
         a. Por el interés en cumplir la Palabra de Dios
         b. Por el tiempo en oración
         c. Por consejo de los otros creyentes
         d. Por la provisión de Dios para cada detalle

C. El _________ del equipo
   1. Depende del número que el misionero puede _________
   2. Depende en el tipo y cantidad del __________ tratando de realizar
   3. Depende del tipo y precio de los ___________ disponibles
   4. Depende de las __________ de la vivienda (camas, baños, cocina, etc.)
   5. Depende del ___________ disponible (por los grupos de jóvenes)

II. El tiempo para el viaje
   A. Depende del _________ del misionario y su ministerio
      1. Por el tiempo de llegar e ir considerar la distancia del aeropuerto a la vivienda
      2. Por el tiempo de llegar e ir considerar las mejores opciones por el misionero y su familia
   B. Depende de los ________ y el _______ del país
   C. Depende de la ___________ de los participantes (escuela, trabajo, etc.)

III. La organización del viaje
   A. El _______ para prepararse
      1. __________ inmediatamente cuando la oportunidad se presenta
         a. Para comunicarse con diferentes misioneros
         b. Para investigar los detalles (transportación, vivienda, costo, etc.)
         c. Para planear las obras para realizar
         d. Para proveer el tiempo necesario para cada participante
      2. _________ lo suficiente para ver la mano de Dios en el proceso
   B. Los __________ necesarios por el viaje
      1. Comunicarse con los _______ espirituales (pastores, padres, etc.)
      2. Comunicarse con los ____________
      3. Comunicarse con los _________ de transportación
      4. Comunicarse con los ____________

         *Enviar las cartas con suficiente antelación para que los apoyadores puedan hacer preguntas y ofrecer su ayuda.

         *Comunicar los resultados del ministerio mediante una carta para agradecerles a los apoyadores.

         a. El ministerio organizado del viaje
         b. El propósito del viaje
         c. Las fechas del viaje

   d. El país, ministerio, y misionero incluido en el viaje
   e. Los fondos necesarios para el viaje
   f. Las peticiones por el viaje

C. La determinación del _______ del viaje
   1. Determinar el costo del ______ al país
   2. Determinar el costo de la ______________ en el país
   3. Determinar el costo de la ___________
   4. Determinar el costo de las ______ (algunas en el lugar y algunas en los restaurantes)
   5. Determinar el costo de los __________ para realizar la obra
   6. Determinar el costo de los eventos __________
   7. Determinar el costo que el ___________ tendrá que cubrir para participar en sus planes
   8. Determinar una ofrenda para _______ al misionario y el ministerio

D. La planificación de los _________ del viaje
   1. Planear las fechas y las horas de _________ y salida
   2. Planear el tiempo de los __________ y ____________
      a. Los cultos
      b. El evangelismo
      c. La construcción
   3. Planear el tiempo necesario para las _________, el _________, etc.
   4. Planear el tiempo para los _________ personales y _________ del equipo
   5. Planear el tiempo para __________ (compañerismo, turismo, etc.)

!SER FLEXIBLE para los cambios de su planificación!

E. La planificación de las ______________
   1. Para las __________
      a. Hacer un horario para cada día
      b. Hacer una lista de los ingredientes para las comidas
         *Comunicar con el misionero sobre lo que está disponible y razonable en el precio
      c. Hacer una lista de los necesidades de la cocina
         *Comunicarse con el misiono para verificar los que están disponible

2. Por los ____________
    a. Hacer una lista de los ministerios específicos
        (1) Los sermones/estudios
        (2) Los tratados
        (3) Las manualidades
    b. Hacer una lista de los proyectos físicos
        (1) Los materiales
        (2) Las herramientas

F. Los ____________ por el viaje
1. Los documentos ________
    a. Pasaportes
    b. Certificado de nacimiento
    c. Licencia de chofer
2. Las ______ de identificación y tarjeta de crédito tomadas (para guardar en casa para las emergencias)
3. La hoja de ____________
    a. Nombres de los contactos en caso de emergencia (padres, pastor, etc.)
    b. Números telefónicos de los contactos
4. Las hojas _________
    a. Permiso por cuidado médico (para los miembros menores de 18 años)
    b. Descripción de los medicamentos y condiciones físicas

IV. Será una bendición en el viaje

A. Ser ________ sobre el cronometraje y la duración del viaje.

B. Estar en ___________ continua sobre el viaje y unir los detalles cuando hagas los planes.
1. Verbal - por las llamadas telefónicas de aclarar los detalles
2. Escrito - por correspondencia escrita (el correo electrónico) documentar los planes finales

C. Ser _________ con la información que el misionero te comparte sobre su país y su ministerio.
*El misionero tiene experiencia personal y una perspectiva como un residente que una visita nunca puede tener.

D. Ser __________ de Cristo
1. Ser un siervo (Juan 17:1-17, Lucas 17:7-10)
    a. Estar disponible

   b. Ser paciente
   c. Ser flexible
   d. Ser un hacedor (trabajador)
   e. Ser humilde
2. Ser circunspecto
   a. En las palabras
   b. En la conducta
   c. En la apariencia

E. Ser ___________ de los gastos adicionales del misionero.
   1. Las preparaciones para tu llegada
   2. La transportación para llevarte a las diferentes destinaciones
   3. Las comidas adicionales afuera la casa contigo en los viajes
   4. Los boletos adicionales, cuotas de ingreso, etcétera, para mostrarte el país

F. Ser _________
   1. Limpiar antes todos los servicios o eventos
   2. Limpiar antes que tú vayas
   3. Limpiar todos los equipos, herramientas, utensilios de cocina, etc.

G. Estar ______________ por la familia entera.
   1. Pasar tiempo en compañerismo con la esposa
   2. Jugar con los niños
   3. Incluir la familia en las actividades
   4. Disculpar a cualquier miembro de la familia que no puedan reunirse contigo en las actividades

UN HORARIO POR LA PLANIFICACIÓN DEL VIAJE MISIONERO

Una buena planificación ayudará a asegurar un buen viaje. La comunicación y la planificación de los detalles del viaje son la primera impresión para que el misionero sepa si será una bendición o una carga. Las siguientes sugerencias podrían variar según las necesidades específicas de cada viaje, pero si se siguen, brindarán seguridad y tranquilidad para todos incluidos.

✦ 9-6 meses antes que el viaje
- ❑ Comunicarse con los líderes de la iglesia para evaluar el interés en hacer un viaje
- ❑ Comunicarse con los misioneros potenciales sobre sus necesidades e interés en recibir una visita.
- ❑ Confirmar con el misionero que Dios te está dirigiendo a visitar y empezar a planear algunos detalles generales.
  - ✓ El tiempo general del año
  - ✓ Los propósitos principales por el viaje
  - ✓ El número de participantes en el viaje

✦ 6 meses antes que el viaje
- ❑ Presentar una invitación general a quienes tengan interés en participar en el viaje.
- ❑ Tener una reunión para compartir los planes generales e investigar el interés real y la disponibilidad.

✦ 4-6 meses antes que el viaje
- ❑ Investigar los gastos del viaje y empezar a establecer un presupuesto (usar el número real de personas individuales realmente interesadas).
  - ✓ La transportación para llegar al y regresar del campo
  - ✓ La transportación mientras que está en el campo
  - ✓ La vivienda
  - ✓ La comida
  - ✓ Los ministerios
  - ✓ Los imprevistos y actividades especiales (turismo)

- ❑ Investigar la documentación legal que tiene que tener cada miembro del equipo.
  - ✓ Pasaporte
  - ✓ Licencia de conducir
  - ✓ Identificación con foto
  - ✓ Certificación de nacimiento
- ❑ Convocar una segunda reunión para compartir el presupuesto aproximado, las fechas aproximadas y los requisitos del viaje.

✦ 3 meses antes que el viaje

- ❑ Convocar una tercera reunión para confirmar el equipo y iniciar la planificación general de los papeles y responsabilidades de cada persona.
  - ✓ Llama las reuniones periódicas para animar el equipo y contestar las preguntas y preocupaciones
- ❑ Comunicarse con el misionero para finalizar el cronometraje del viaje, considerando los horarios de los medios de transporte (aviones, etc.).
- ❑ Animar a los miembros del equipo a enviar sus cartas a sus apoyadores y recaudar fondos

✦ 2 meses antes que el viaje

- ❑ Convocar las reuniones semanales para todos los participantes del viaje.
  - ✓ Empezar a hablar y tener el equipo investigar sobre el país, ciudad, y misionero que estarán visitando
  - ✓ Empezar a estudiar un libro o un estudio Bíblico en grupo, con el propósito de que se desarrolle una unión espiritual.
  - ✓ Empezar a preparar todo el material necesario para las oportunidades ministeriales durante el viaje (canciones, testimonios, ayuda de los niños, etc.).
- ❑ Comunicarse con el misionero para confirmar y aclarar cualquier detalle.
  - ✓ Confirmar toda la transportación y la vivienda.
  - ✓ Confirmar todos los ministerios y proyectos en los que el equipo participará y hablar de los suministros necesarios para cada oportunidad.

    *Empezar a recoger y comprar cualquier suministro que el equipo pueda aportar para ayudar al misionero.
  - ✓ Suministrar al misionero la carta detallada de las comidas para que pueda examinarla y comunicar cualquier inconveniente.

- ✦ 1 mes antes que el viaje
  - ❑ Enviar al misionero una copia por correo electrónico de los detalles tratados, con el propósito de contar con registros escritos para consultarlos en cualquier momento.
  - ❑ Empezar la comunicación frecuente con el misionero para cualquier cambio que pueda surgir o los detalles que puedan necesitar verificarse.
  - ❑ Ultimar las comidas.
  - ❑ Ultimar el programa.
  - ❑ Verificar que todos los materiales necesarios estén presentes.
    - ✓ Tratados
    - ✓ Materiales para los niños
    - ✓ Música
    - ✓ Herramientas
  - ❑ Recoger todos formularios y autorizaciones
    - ✓ El permiso de viajar
    - ✓ El permiso médico
    - ✓ Las copias de identificación y tarjetas de crédito (para ser dejado en un lugar seguro por causa de una emergencia)
    - ✓ La información médica y de emergencia por cada miembro
  - ❑ Asegurar que cada miembro del equipo cuente con la documentación legal necesaria para viajar.
    - ✓ Pasaporte
    - ✓ Licencia de conducir
    - ✓ Identificación con foto
    - ✓ Certificación de nacimiento
  - ❑ Confirmar toda la transportación y las reservaciones para la vivienda
    - ✓ Los boletos de avión
    - ✓ La renta de vehículo
    - ✓ Los cuartos en hotel/iglesia

- ✦ 2 semanas antes que el viaje
  - ❑ Chequear de nuevo con el misionero por cualquier cambio del último minuto y verificar que todo esté cuajando de su lado.
  - ❑ Chequear de nuevo que todos los materiales para los ministerios estén presentes.
  - ❑ Empezar a ayudar a los miembros del equipo a prepararse para el embalaje, proporcionando una lista general de embalaje (puede variar según el país que estés visitando).

- 1 semana antes que el viaje
  - ❑ Realizar una práctica final y un repaso de todos los ministerios en los que el grupo participará.
  - ❑ Verificar que puedes guardar el horario establecido.
  - ❑ Empezar a sentir pánico si no has cumplido con el horario.

- 1-2 semanas después que el viaje
  - ❑ Tener a tus miembros del equipo que envíen cartas de acción de gracias a cada uno de sus apoyadores para compartir sus experiencias sobre cómo Dios trabajó durante el viaje y en su vida.
  - ❑ Si la oportunidad se presenta, presenta un testimonio público sobre tu viaje y como Dios lo usó en tu vida.

Las Clases Ofrecidas
por
Dr. Jeremy Markle

Los Principios Bíblicos de las Misiones

El Ministro de las Misiones en la Iglesia
Servir al Misionero Mientras que
Él Sierva a Dios en Su Lugar

Los Principios y Los Métodos de las Misiones 1
Diputación:
El Ministerio antes del Campo Misionero

Los Principios y los Métodos de las Misiones 2
La Vida y el Ministerio en el Campo Misionero

La Historia de las Misiones Cristianas
Reconociendo la Vida y la Fidelidad de los Siervos de Dios

El Ministerio de Jóvenes en la Iglesia

Joven
Ejemplo de los Creyentes

www.ingramcontent.com/pod-product-compliance
Lightning Source LLC
LaVergne TN
LVHW080320110826
845155LV00026B/170

* 9 7 8 1 9 4 7 4 3 0 1 1 2 *